G. Gerhart
H. Karsten

W0360640

Physik

Fachoberschule · Berufsoberschule

Formeln und Tabellen

12. durchgesehene Auflage

HANDWERK UND TECHNIK – HAMBURG

ISBN 978-3-582-0**1075**-9

Verlag Dr. Felix Büchner – Verlag Handwerk und Technik G.m.b.H.,
Lademannbogen 135, 22339 Hamburg; Postfach 63 05 00, 22331 Hamburg – 2007
Internet-Adresse: www.handwerk-technik.de, E-Mail: info@handwerk-technik.de

Gesamtherstellung: Hans Steffens Graphischer Betrieb GmbH, 22339 Hamburg

Vorwort

Diese Formelsammlung wurde für den Gebrauch an Fachoberschulen und Berufsoberschulen verfasst und beruht auf den gültigen Lehrplänen für das Fach Physik.

Ein wesentlicher Bestandteil des Physikunterrichts ist die Beschäftigung mit dem Experiment. Hierbei soll die Fähigkeit erworben werden, physikalische Versuche zu planen, sie aufzubauen und durchzuführen, die Messwerte aufzunehmen und kritisch auszuwerten. Messfehler sollen diskutiert und mithilfe einfacher Methoden der Fehlerrechnung erfasst werden. Diesen Zielen wird Rechnung getragen:

Für das physikalische Praktikum sind die Grundlagen der Mechanik, Elektrizitätslehre, geometrischen Optik und Wärmelehre bereitgestellt.

Die Fehlerrechnung ermöglicht während des physikalischen Praktikums und der Messversuche im Unterricht ein ständiges Anwenden bei der Auswertung der Messergebnisse.

Die physikalischen Konstanten sind mit der heute gültigen Messgenauigkeit angegeben.

Der sinnvolle Gebrauch des Taschenrechners im Zusammenhang mit fehlerbehafteten Messwerten, Messwerten mit unterschiedlicher Messgenauigkeit oder Präzisionsmesswerten aus dem Tabellenteil soll gefördert werden.

Schließlich sollen im Experiment beobachtbare Phänomene mithilfe unterschiedlicher abstrakter Modelle verstanden werden.

Das vorliegende Werk bezieht sich auf die bestehenden DIN-Normen in der gültigen Fassung und auf die Fachliteratur.

Die Verfasser.

INHALTSVERZEICHNIS FORMELN

INHALTSVERZEICHNIS TABELLEN

1. Grundlagen

1.1 Grundlagen der Mechanik

1.1.1 Gewichtskraft

Formel

$$F_G = m\,g$$

Größe		Einheit
F_G	Gewichtskraft	N
m	Masse	kg
g	Fallbeschleunigung	$\frac{m}{s^2}$
$1\ N = 1\ kg\,\frac{m}{s^2}$		

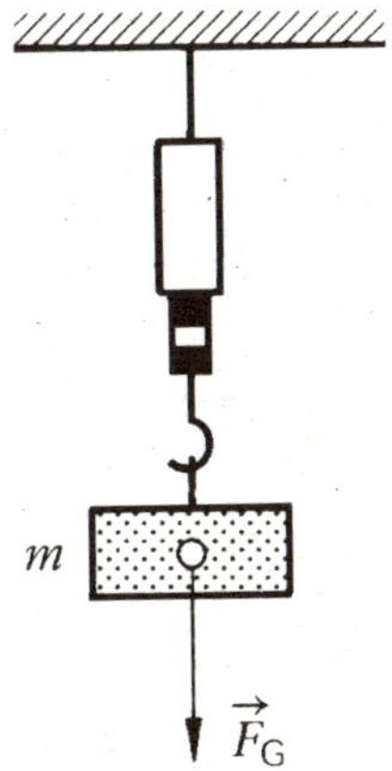

1.1.2 Dichte

$$\rho = \frac{m}{V}$$

ρ	Dichte	$\frac{kg}{m^3}$
m	Masse	kg
V	Volumen	m^3

Tabelle der Dichte von festen, flüssigen u. gasförmigen Stoffen: S. 107 f.

1.1.3 Reibung

$$F_R = \mu\,F_N$$

F_R	Reibungskraft	N
F_N	Normalkraft	N
μ	Reibungszahl	—

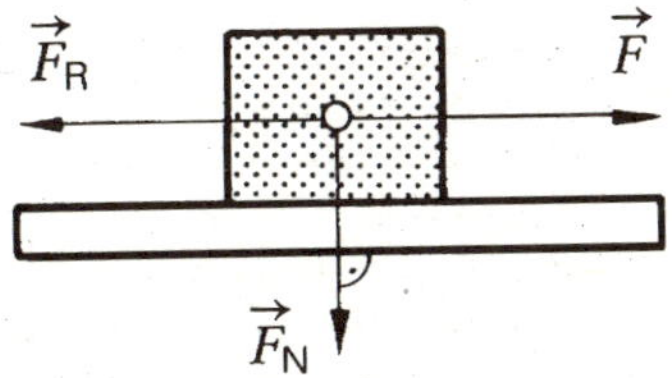

1.1.4 Kräfte

$$\vec{F}_{\text{rsl}} = \vec{F}_1 + \vec{F}_2$$

$\vec{F}_1$, $\vec{F}_2$	Einzelkräfte	N
$\vec{F}_{\text{rsl}}$	resultierende Kraft	N

Kräfte in gleicher Richtung und mit gleichem Angriffspunkt addieren sich:

$$F_{\text{rsl}} = F_1 + F_2$$

Kräfte in entgegengesetzter Richtung und mit gleichem Angriffspunkt subtrahieren sich:

$$F_{\text{rsl}} = F_2 - F_1$$

Beispiele:

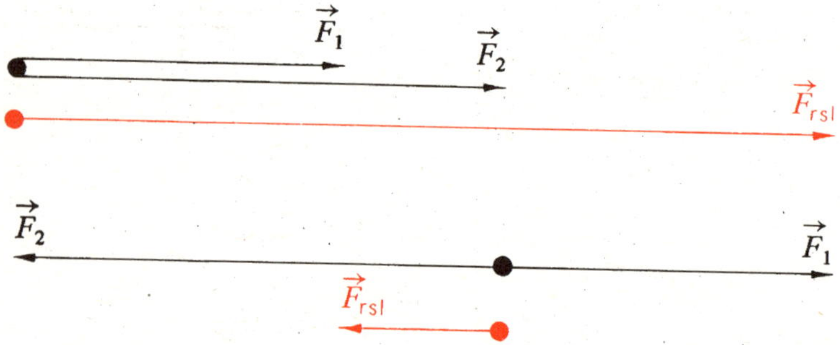

Kräfteparallelogramm

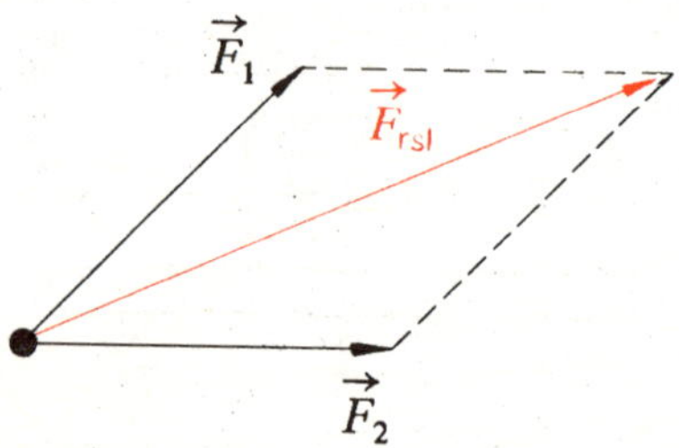

Kräftepolygon

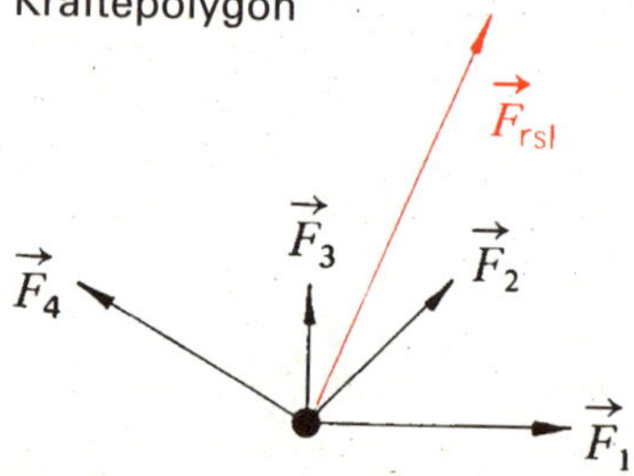

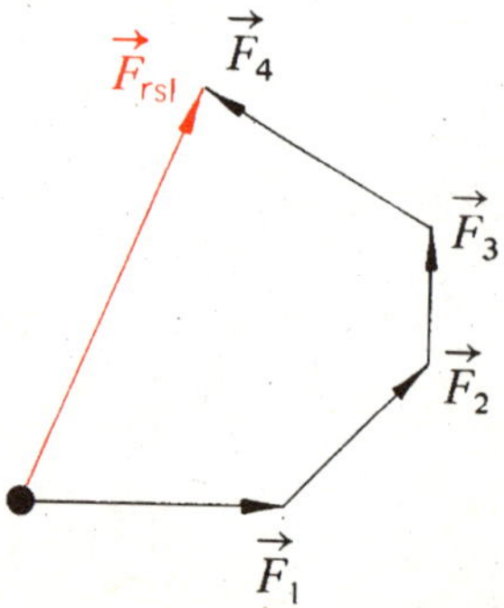

1.1.5 Hebel und Drehmoment

$$M = F\,l$$

$$F_1\,l_1 = F_2\,l_2$$

$$\sum \overset{\curvearrowleft}{M} = \sum \overset{\curvearrowright}{M}$$

M	Drehmoment	Nm
F	Kraft	N
l	Hebelarm	m
$\sum \overset{\curvearrowleft}{M}$	Summe gegen Uhrzeigersinn	Nm
$\sum \overset{\curvearrowright}{M}$	Summe im Uhrzeigersinn	Nm

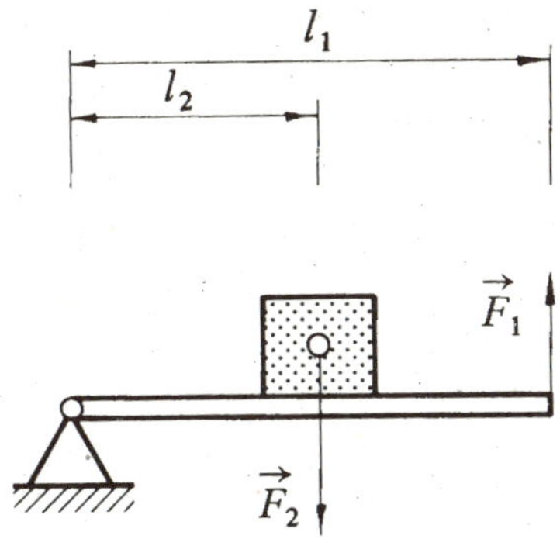

1.1.6 Hookesches Gesetz

$$F = D\,s$$
$$D = \text{konstant}$$

F	(Zug-)Kraft an der Feder	N
D	Federkonstante, Richtgröße	$\frac{\text{N}}{\text{m}}$
s	Auslenkung, Ort	m

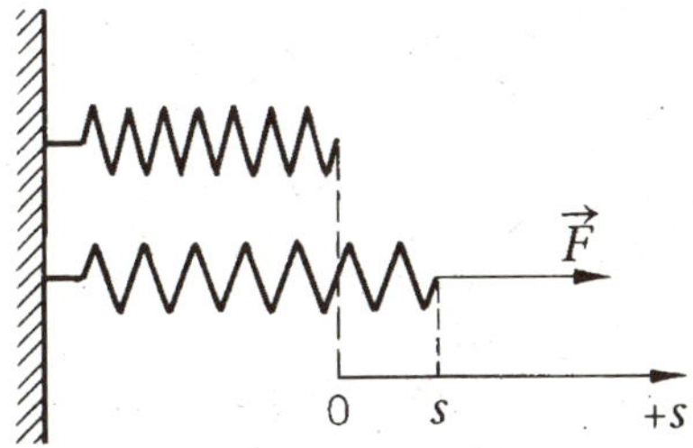

1.1.7 Auftrieb

$$F_A = \rho g V$$

F_A	Auftriebskraft	N
ρ	Dichte der Flüssigkeit	$\frac{kg}{m^3}$
g	Fallbeschleunigung	$\frac{m}{s^2}$
V	Volumen der verdrängten Flüssigkeit	m^3

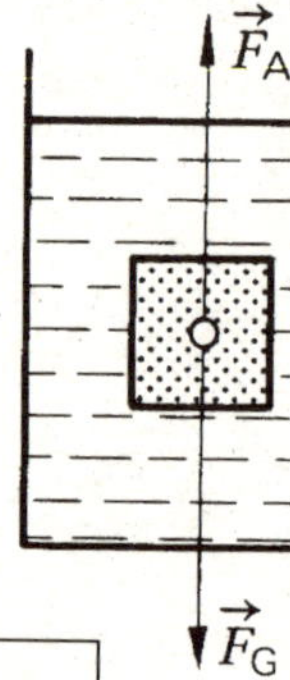

$F_A > F_G$: steigen	$F_A = F_G$: schweben schwimmen	$F_A < F_G$: sinken

1.2 Grundlagen der Elektrizitätslehre

1.2.1 Elektrische Stromstärke

$$I = \frac{\Delta Q}{\Delta t}$$

I	elektrische Stromstärke	A
ΔQ	Ladungsänderung	C
Δt	Zeitänderung	s

1 C = 1 As

C: Coulomb
A: Ampere

Technische Stromrichtung:
Bewegungsrichtung der positiven Ladungsträger

1.2.2 Ohmsches Gesetz

$U = RI$
$R =$ konstant

U	Spannung	V
I	Stromstärke	A
R	Widerstand	Ω

$$1\ \Omega = 1\ \frac{\text{V}}{\text{A}}$$

Ω: Ohm

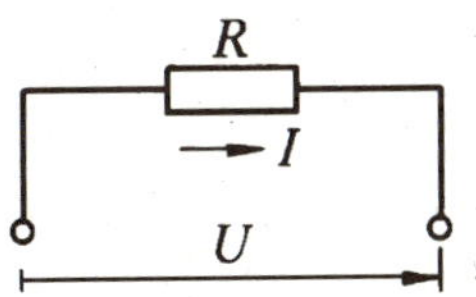

1.2.3 Leiterwiderstand

$$\rho = \frac{1}{\kappa}$$

$$R = \rho \frac{l}{A}$$

$$R = \frac{l}{\kappa A}$$

ρ	spezifischer Widerstand	$\frac{\Omega\,mm^2}{m}$
κ	Spezifischer Leitwert	$\frac{m}{\Omega\,mm^2}$
R	Leiterwiderstand	Ω
l	Leiterlänge	m
A	Querschnitt	mm^2

Tabelle der spezifischen Widerstände und Leiterwerte: S. 113

1.2.4 Widerstand und Temperatur

$$\Delta R = R_1\, \alpha\, \Delta T$$

$$R_2 = R_1\,(1 + \alpha\, \Delta T)$$

$$\Delta T = T_2 - T_1$$

ΔR	Widerstandsänderung	Ω
α	Temperaturbeiwert	$\frac{1}{K}$
R_1	Widerstand bei 20 °C	Ω
ΔT	Temperaturdifferenz	K
R_2	Warmwiderstand	Ω
T_1	Anfangstemperatur	K
T_2	Endtemperatur	K

Tabelle Temperaturbeiwerte: S. 113

1.2.5 Schaltung von Widerständen

Reihenschaltung

$$R = R_1 + R_2 + \ldots + R_n$$

$$U = U_1 + U_2 + \ldots + U_n$$

$$I = \text{konstant}$$

$$\frac{U_1}{U_2} = \frac{R_1}{R_2}$$

R	Gesamtwiderstand	Ω
$R_1,\ldots,R_n$	Teilwiderstände	Ω
U	Gesamtspannung	V
$U_1,\ldots,U_n$	Teilspannungen	V
I	Stromstärke	A

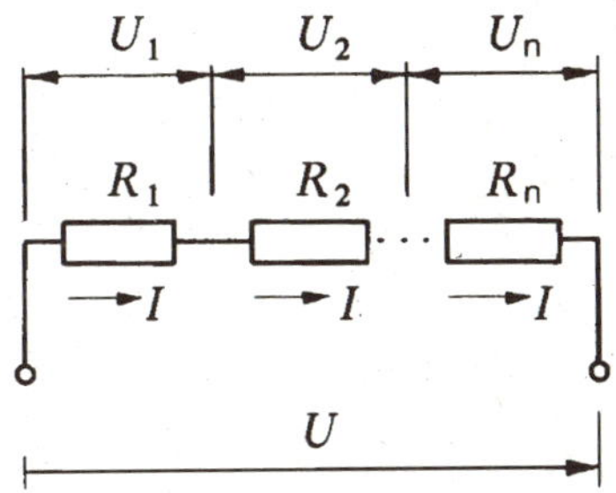

Parallelschaltung

$$\frac{1}{R} = \frac{1}{R_1} + \frac{1}{R_2} + \ldots + \frac{1}{R_n}$$

$$I = I_1 + I_2 + \ldots + I_n$$

$$U = \text{konstant}$$

$$\frac{R_1}{R_2} = \frac{I_2}{I_1}$$

R	Gesamtwiderstand	Ω
$R_1,\ldots,R_n$	Teilwiderstände	Ω
I	Gesamtstromstärke	A
$I_1,\ldots,I_n$	Teilstromstärken	A
U	Spannung	V

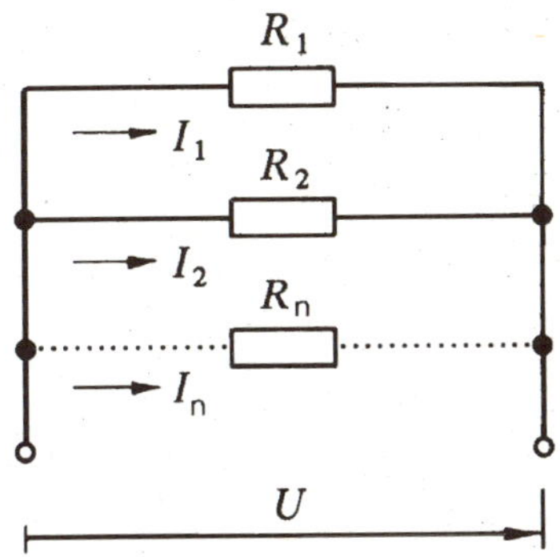

1.2.6 Kirchhoffsche Gesetze

1. kirchhoffsches Gesetz

$$\sum_{k=1}^{n} I_k = 0$$

$I_1,\ldots,I_n$	Teilstromstärken	A

In einem Verzweigungspunkt ist die Summe aller zufließenden und abfließenden Ströme gleich Null.

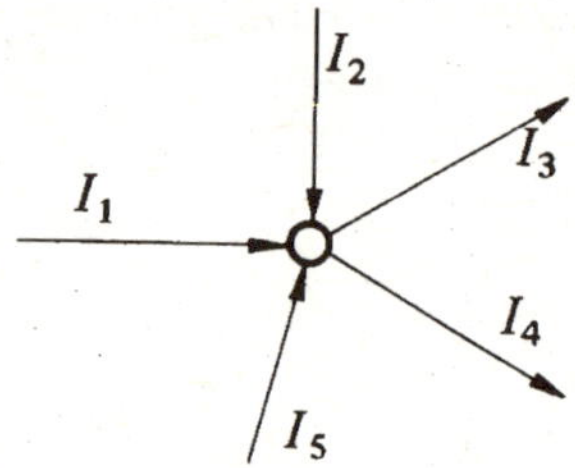

$$I_1 + I_2 - I_3 - I_4 + I_5 = 0$$

2. kirchhoffsches Gesetz

$$\sum_{k=1}^{n} U_k - \sum_{k=1}^{n} I_k R_k = 0$$

$U_1,\ldots,U_n$	Teilspannungen	V
$I_1,\ldots,I_n$	Teilströme	A
$R_1,\ldots,R_n$	Teilwiderstände	Ω

In einem Stromkreis ist die Summe der Spannungen gleich der Summe aller Spannungsfälle.

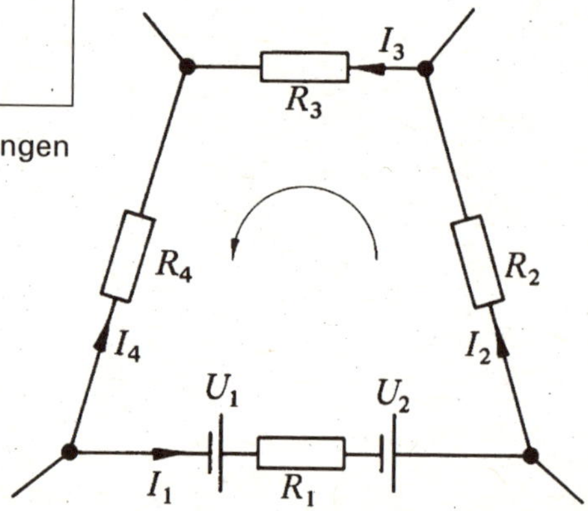

$$U_1 + U_2 = I_1 R_1 + I_2 R_2 + I_3 R_3 - I_4 R_4$$

1.2.7 Batterien

$$U_{int} = I\,R_{int}$$

$$U_{kl} = I\,R$$

$$U_{kl} = U_0 - I\,R_{int}$$

U_{int}	innerer Spannungsfall	V
I	Stromstärke	A
R_{int}	innerer Widerstand	Ω
U_{kl}	Klemmenspannung	V
R	Belastungswiderstand	Ω
U_0	Leerlaufspannung	V

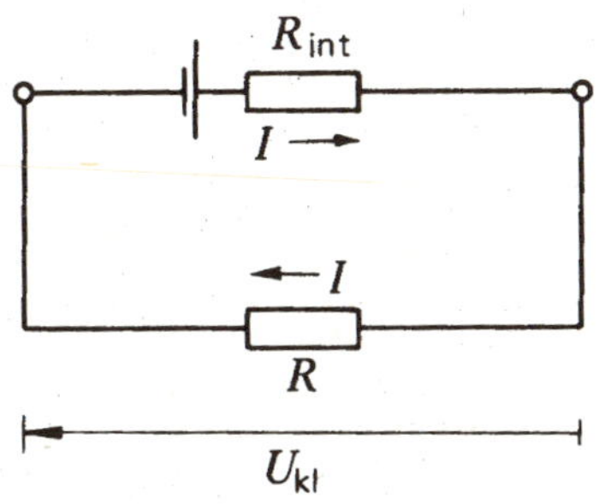

1.2.8 Messbereicherweiterung Spannungsmesser

$$R_{vor} = \frac{U - U_i}{I}$$

$$I = \frac{U_i}{R_i}$$

R_{vor}	Vorwiderstand	Ω
U	Gesamtspannung	V
U_i	Instrumentenspannung	V
I	Stromstärke	A
R_i	Innenwiderstand des Instruments	Ω

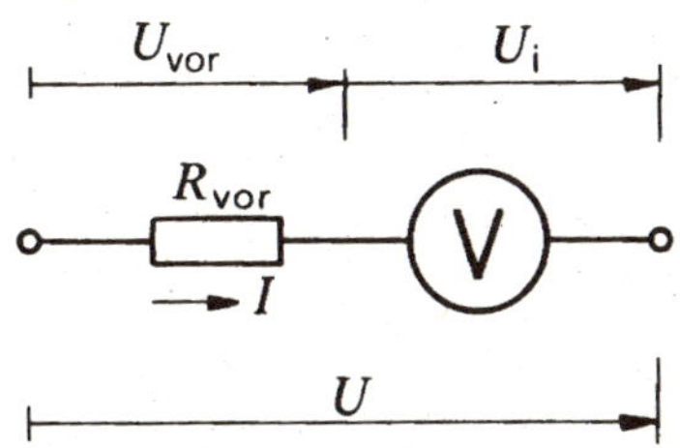

Strommesser

$$R_{par} = \frac{U_i}{I - I_i}$$

$$U_i = I_i \, R_i$$

R_{par}	Parallelwiderstand	Ω
U_i	Instrumentenspannung	V
I	Gesamtstromstärke	A
I_i	Instrumentenstrom	A
R_i	Innenwiderstand des Instruments	Ω

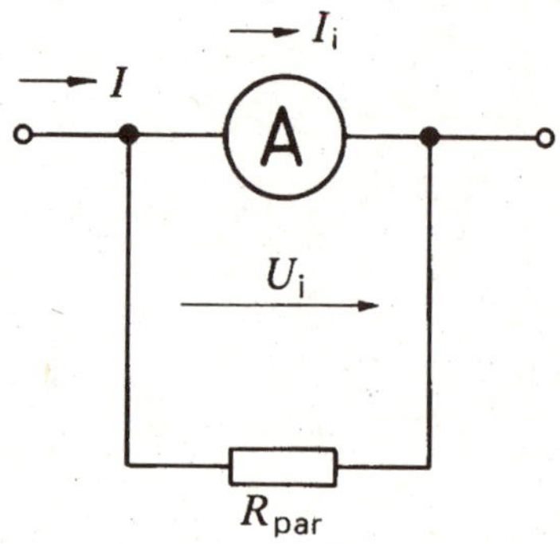

1.2.9 Elektrische Arbeit

$$W = U \, I \, t$$

W	elektrische Arbeit	Ws
U	Spannung	V
I	Stromstärke	A
t	Zeit	s

1 Ws	=	1 J
1 Wh	=	3600 Ws
1 kWh	=	$3{,}6 \cdot 10^6$ Ws

1.2.10 Elektrische Leistung

$$P = U \, I$$

P	elektrische Leistung	W
U	Spannung	V
I	Stromstärke	A

W: Watt

1 W = 1 VA

1.3 Grundlagen der Optik

1.3.1 Reflexion

$$\alpha_1 = \alpha_2$$

α_1	Einfallswinkel	rad
α_2	Reflexionswinkel	rad

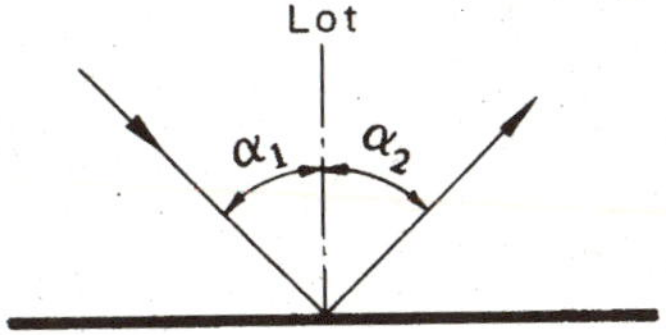

1.3.2 Brechung

$$\frac{\sin \alpha_1}{\sin \alpha_2} = n$$

$$\frac{\sin \alpha_1}{\sin \alpha_2} = \frac{n_2}{n_1}$$

α_1	Einfallswinkel	rad
α_2	Brechungswinkel	rad
n, n_1, n_2	Brechzahlen	1

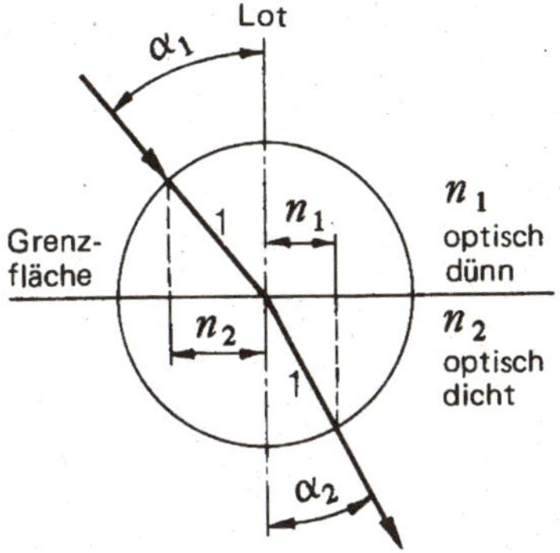

1.3.3 Totalreflexion

$$\sin \alpha_{gz} = \frac{1}{n}$$

$$\sin \alpha_{gz} = \frac{n_2}{n_1}$$

$$n_1 > n_2$$

α_{gz}	Grenzwinkel der Totalreflexion	rad
n	Brechzahl	1
n_1	Brechzahl optisch dichteres Medium	1
n_2	Brechzahl optisch dünneres Medium	1

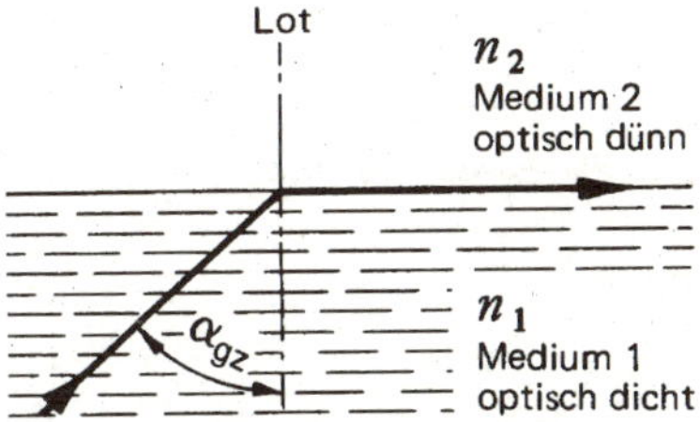

Tabelle der Brechzahlen und Grenzwinkel: S. 112

1.3.4 Linsen

Sammellinse (konvex)

$$\frac{1}{f} = \frac{1}{g} + \frac{1}{b}$$

$$D = \frac{1}{f}$$

$$\frac{G}{B} = \frac{g}{b}$$

$$\alpha = \frac{B}{G}$$

f	Brennweite	m
g	Gegenstandsweite	m
b	Bildweite	m
D	Brechwert	dpt
B	Bildgröße	m
G	Gegenstandsgröße	m
α	Abbildungsmaßstab	–

dpt: Dioptrie

$$1\ \text{dpt} = \frac{1}{\text{m}}$$

Die Bilder einer Sammellinse sind je nach dem Abstand des Gegenstandes von der Linse reell oder virtuell, die Bildweiten positiv oder negativ.

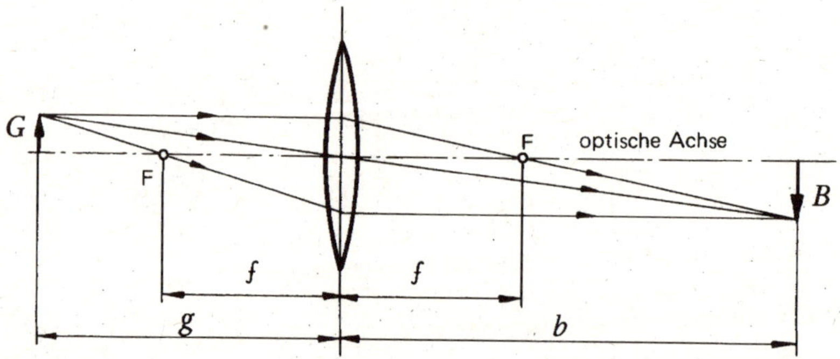

Zerstreuungslinse (konkav)

$$\frac{1}{f} = \frac{1}{g} + \frac{1}{b}$$

$$D = \frac{1}{f}$$

$$\frac{G}{B} = \frac{g}{b}$$

f	Brennweite	m
g	Gegenstandsweite	m
b	Bildweite	m
D	Brechwert	dpt
B	Bildgröße	m
G	Gegenstandsgröße	m

Die Bilder der Zerstreuungslinse sind stets virtuell, aufrecht und verkleinert. Brennweite und Bildweite sind negativ.

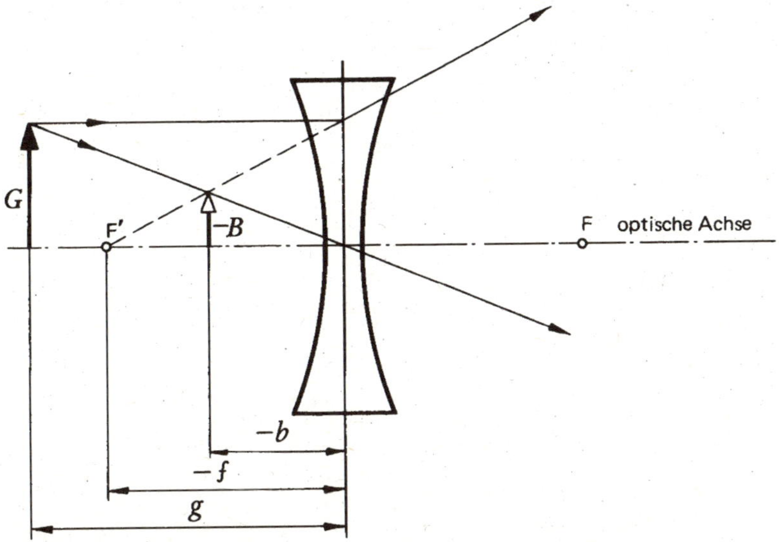

1.3.5 Optische Geräte

Lupe

$$V = \frac{s_0}{f}$$

$$V = s_0\, D$$

V	Vergrößerung	–
s_0	deutliche Sehweite	m
f	Brennweite	m
D	Brechwert	dpt

Die deutliche Sehweite s_0 beträgt 0,25 m.

$$1\ \text{dpt} = \frac{1}{\text{m}}$$

Holländisches Fernrohr (Galilei)

$$V = \left|\frac{f_{\text{Ob}}}{f_{\text{Ok}}}\right|$$

$$l = f_{\text{Ob}} - \left|f_{\text{Ok}}\right|$$

V	Vergrößerung	–
f_{Ob}	Brennweite Objektiv	m
f_{Ok}	Brennweite Okular	m
l	Baulänge	m

Astronomisches Fernrohr (Kepler)

$$V = \left|\frac{f_{\text{Ob}}}{f_{\text{Ok}}}\right|$$

$$l = f_{\text{Ob}} + f_{\text{Ok}}$$

V	Vergrößerung	–
f_{Ob}	Brennweite Objektiv	m
f_{Ok}	Brennweite Okular	m
l	Baulänge	m

Mikroskop

$$l_{Tu} = l - f_{Ob} - f_{Ok}$$

$$V = \frac{l_{Tu}\, s_0}{f_{Ob}\, f_{Ok}}$$

l_{Tu}	optische Tubuslänge	m
l	Linsenabstand	m
f_{Ok}	Brennweite Okular	m
f_{Ob}	Brennweite Objektiv	m
V	Vergrößerung	–
s_0	deutliche Sehweite	m

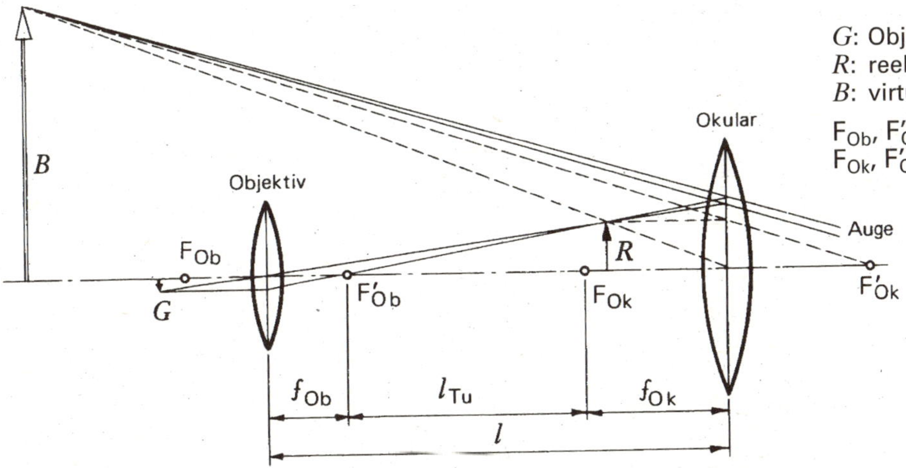

G: Objekt
R: reelles, vom Objekt erzeugtes Bild
B: virtuelles, durch das Okular gesehenes Bild

F_{Ob}, F'_{Ob}: Brennpunkte Objektiv
F_{Ok}, F'_{Ok}: Brennpunkte Okular

Einfacher Projektor

$$2f > g > f$$

f	Brennweite Sammellinse	m
g	Gegenstandsweite	m

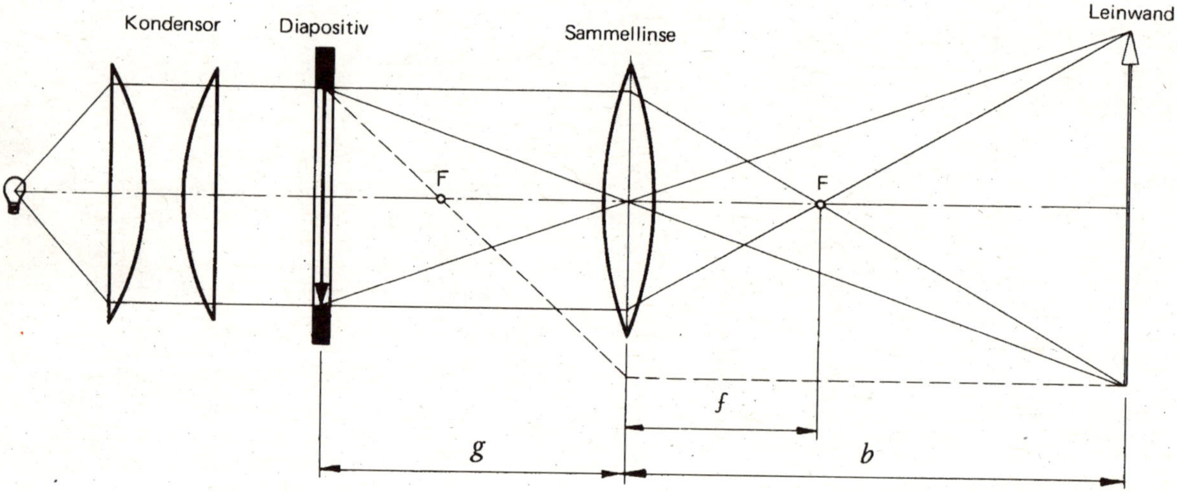

1.4 Grundlagen der Wärmelehre

1.4.1 Temperatur

$$T = \left(273 + \frac{\vartheta}{°C}\right) K$$

$$\Delta T = T_2 - T_1$$

T, T_1, T_2	absolute Temperaturen	K
ϑ	Temperatur	°C
ΔT	Temperaturdifferenz	K

K: Kelvin

1.4.2 Ausdehnung der Körper
Längenausdehnung fester Körper

$$\Delta l = \alpha\, l_0\, \Delta T$$

$$l = l_0\,(1 + \alpha\, \Delta T)$$

Δl	Längenänderung	m
α	Längenausdehnungskoeffizient	$\frac{1}{K}$
l_0	Anfangslänge	m
ΔT	Temperaturdifferenz	K
l	Länge nach der Erwärmung	m

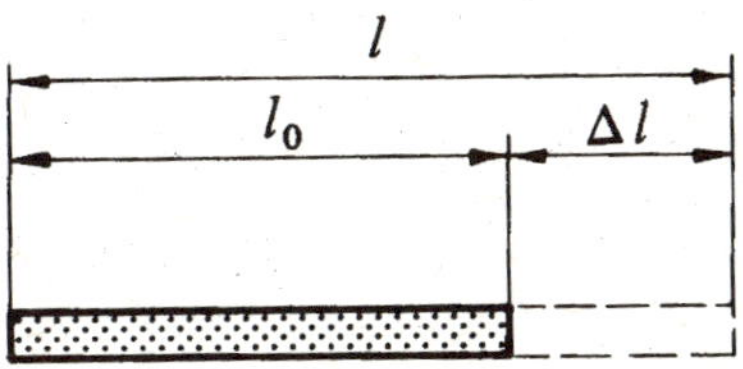

Der Längenausdehnungskoeffizient α gibt an, um wie viel sich ein Stab von 1 m Länge und 0 °C Anfangstemperatur ausdehnt, wenn er um 1 K erwärmt wird.

Tabelle der Längenausdehnungskoeffizienten: S. 110

Flächenausdehnung fester Körper

$$\Delta A = 2\alpha\, A_0\, \Delta T$$

$$A = A_0\,(1 + 2\alpha\, \Delta T)$$

ΔA	Flächenänderung	m^2
α	Längenausdehnungskoeffizient	$\frac{1}{K}$
A_0	Anfangsfläche	m^2
ΔT	Temperaturdifferenz	K
A	Fläche nach der Erwärmung	m^2

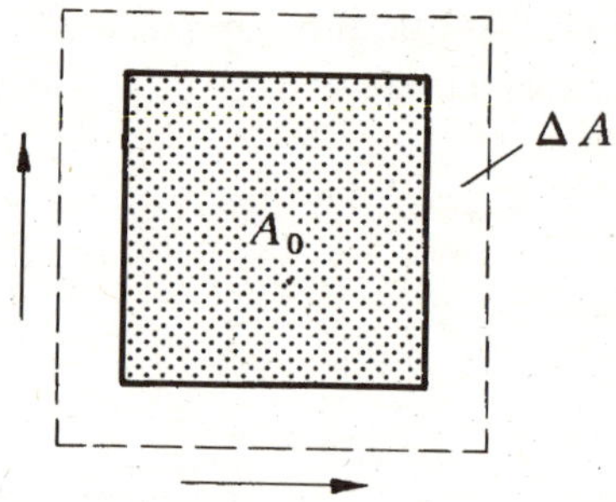

Volumenausdehnung fester, flüssiger und gasförmiger Körper

$$\Delta V = \gamma\, V_0\, \Delta T$$

$$V = V_0\,(1 + \gamma\, \Delta T)$$

ΔV	Volumenänderung	m^3
γ	Volumenausdehnungskoeffizient	$\frac{1}{K}$
α	Längenausdehnungskoeffizient	$\frac{1}{K}$
V_0	Anfangsvolumen	m^3
ΔT	Temperaturdifferenz	K
V	Volumen nach der Erwärmung	m^3

Für feste Körper gilt: $\gamma = 3\alpha$

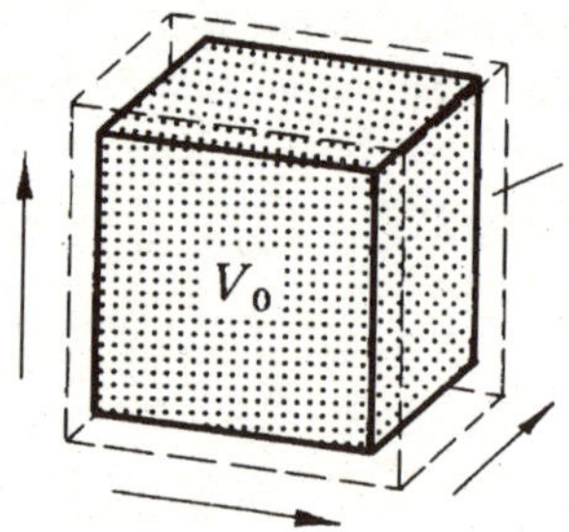

$$\gamma = \frac{1}{273}\ \frac{1}{K}$$

Der Volumenausdehnungskoeffizient hat bei allen Gasen etwa den gleichen Wert.

Tabelle der Volumenausdehnungskoeffizienten: S.110

1.4.3 Druck

$$p = \frac{F}{A}$$

p	Druck	$\frac{N}{m^2}$
F	Kraft	N
A	Fläche	m^2

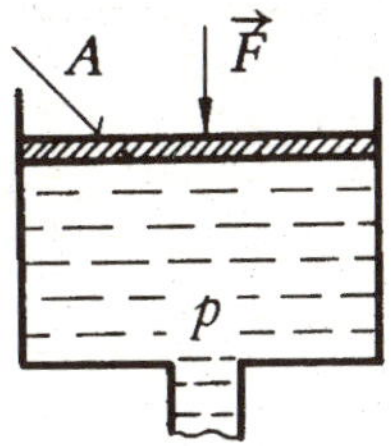

Pa: Pascal

$$1\ \text{Pa} = 1\ \frac{N}{m^2}$$

1.4.4 Überdruck, Unterdruck

$$p_e = p_{abs} - p_{amb}$$

p_e	Überdruck	Pa, bar
p_{abs}	absoluter Druck	Pa, bar
p_{amb}	Luftdruck	Pa, bar

$$1\ \text{bar} = 10^5\ \text{Pa}$$

1.4.5 Druck und Volumen bei konstanter Temperatur Boyle-Mariotte'sches Gesetz

$$p\,V = \text{konstant}$$

$$p_1\,V_1 = p_2\,V_2$$

p, p_1, p_2	absolute Drücke	Pa, bar
V, V_1, V_2	Volumen	m^3

1.4.6 Volumen und Temperatur bei konstantem Druck Gesetz von Gay-Lussac

$$\frac{V}{T} = \text{konstant}$$

$$\frac{V_1}{T_1} = \frac{V_2}{T_2}$$

V, V_1, V_2	Volumen	m^3
T, T_1, T_2	absolute Temperaturen	K

1.4.7 Druck und Temperatur bei konstantem Volumen

$$\frac{p}{T} = \text{konstant}$$

$$\frac{p_1}{T_1} = \frac{p_2}{T_2}$$

p, p_1, p_2	absolute Drücke	Pa, bar
T, T_1, T_2	absolute Temperaturen	K

1.4.8 Allgemeine Gasgleichung

$$\frac{V\,p}{T} = \text{konstant}$$

$$\frac{V_1\,p_1}{T_1} = \frac{V_2\,p_2}{T_2}$$

V, V_1, V_2	Volumen	m^3
p, p_1, p_2	absolute Drücke	Pa, bar
T, T_1, T_2	absolute Temperaturen	K

1.4.9 Wärme

$$Q = c\,m\,\Delta T$$
$$c = \text{konstant}$$

$$C = c\,m$$

Q	Wärme	kJ
m	Masse	kg
c	spezifische Wärmekapazität	$\frac{\text{kJ}}{\text{kg} \cdot \text{K}}$
ΔT	Temperaturänderung	K
C	Wärmekapazität	$\frac{\text{kJ}}{\text{K}}$

Definition der Wärme Q:
Die Wärme Q ist die Energieänderung eines Körpers, die er aufgrund einer Temperaturänderung erfährt. Die spezifische Wärmekapazität gibt an, wie viel Wärmeenergie zur Erwärmung von 1 kg eines Stoffes um 1 K notwendig ist.

Tabelle der spezifischen Wärmekapazitäten: S. 110

1.4.10 Schmelzen und Erstarren

$$Q_{sch} = q_{sch}\,m$$

Q_{sch}	Wärme zum Schmelzen	kJ
q_{sch}	spezifische Schmelzwärme	$\frac{\text{kJ}}{\text{kg}}$
m	Masse	kg

Tabelle der spezifischen Schmelzwärme: S. 111

1.4.11 Verdampfen und Kondensieren

$$Q_{vd} = q_{vd}\,m$$

Q_{vd}	Wärme zum Verdampfen	kJ
q_{vd}	spezifische Verdampfungswärme	$\frac{\text{kJ}}{\text{kg}}$
m	Masse	kg

Tabelle der spezifischen Verdampfungswärme: S. 112

2. Bewegung und Energie

2.1 Bewegung eines Massenpunktes

2.1.1 Geradlinige (lineare) Bewegung eines Massenpunktes *P*

Definition der Geschwindigkeit $\vec{v}$

$$\vec{v} = \lim_{\Delta t \to 0} \frac{\Delta \vec{s}}{\Delta t}$$

$$\vec{v} = \dot{\vec{s}}(t)$$

$\vec{v}$	momentaner Geschwindigkeitsvektor im Zeitpunkt t	$\frac{m}{s}$
$\vec{s}, \vec{s}_1, \vec{s}_2$	momentaner Ortsvektor im Zeitpunkt t, t_1, t_2	m
$\Delta \vec{s}$	Vektor der Ortsänderung	m
t	Zeit(punkt)	s
Δt	Zeitänderung	s
$\dot{\vec{s}}(t)$	Ableitungsvektor des Ortsvektors nach der Zeit t	$\frac{m}{s}$

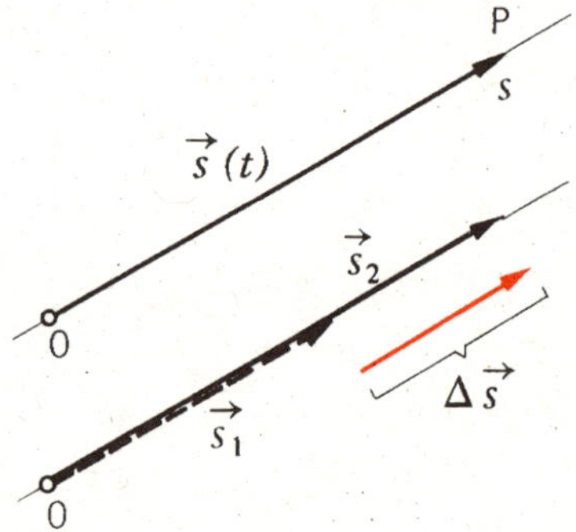

$$\Delta \vec{s} = \vec{s}_2 - \vec{s}_1$$

$$v = \lim_{\Delta t \to 0} \frac{\Delta s}{\Delta t}$$

$$v = \dot{s}(t)$$

v	momentane Geschwindigkeit im Zeitpunkt t	$\frac{m}{s}$
s	monentaner Ort im Zeitpunkt t	m
Δs	Ortsänderung	m
t	Zeit(punkt)	s
Δt	Zeitänderung	s
$\dot{s}(t)$	Ableitung des Orts nach der Zeit t	$\frac{m}{s}$

$s = s(t)$ ist die Ortskoordinate des Ortsvektors $\vec{s}$, also der Ort des linear bewegten Punktes P im Zeitpunkt t in Bezug auf den festen Punkt 0 auf der Geraden.

Definition der Beschleunigung $\vec{a}$

$$\vec{a} = \lim_{\Delta t \to 0} \frac{\Delta \vec{v}}{\Delta t}$$

$$\vec{a} = \dot{\vec{v}}(t)$$

$$\vec{a} = \ddot{\vec{s}}(t)$$

$\vec{a}$	momentaner Beschleunigungsvektor im Zeitpunkt t	$\frac{\text{m}}{\text{s}^2}$
$\vec{v}, \vec{v}_1, \vec{v}_2$	momentaner Geschwindigkeitsvektor im Zeitpunkt t, t_1, t_2	$\frac{\text{m}}{\text{s}}$
$\Delta\vec{v}$	Vektor der Geschwindigkeitsänderung	$\frac{\text{m}}{\text{s}}$
t	Zeit(punkt)	s
Δt	Zeitänderung	s
$\dot{\vec{v}}$	Ableitungsvektor des Geschwindigkeitsvektors nach der Zeit t	$\frac{\text{m}}{\text{s}^2}$
$\ddot{\vec{s}}$	zweiter Ableitungsvektor des Ortsvektors nach der Zeit t	$\frac{\text{m}}{\text{s}^2}$

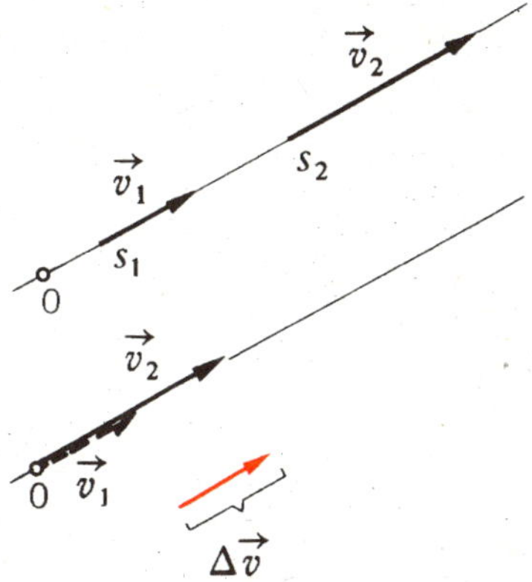

$$\Delta\vec{v} = \vec{v}_2 - \vec{v}_1$$

$$a = \lim_{\Delta t \to 0} \frac{\Delta v}{\Delta t}$$

$$a = \dot{v}(t)$$

$$a = \ddot{s}(t)$$

a	momentane Beschleunigung im Zeitpunkt t	$\frac{\text{m}}{\text{s}^2}$
v	momentane Geschwindigkeit im Zeitpunkt t	$\frac{\text{m}}{\text{s}}$
Δv	Geschwindigkeitsänderung	$\frac{\text{m}}{\text{s}}$
t	Zeit(punkt)	s
Δt	Zeitänderung	s
$\dot{v}(t)$	Ableitung der Geschwindigkeit nach der Zeit t	$\frac{\text{m}}{\text{s}^2}$
$\ddot{s}(t)$	zweite Ableitung des Orts nach der Zeit t	$\frac{\text{m}}{\text{s}^2}$

$v = v(t)$ ist der Betrag des Geschwindigkeitsvektors $\vec{v}$ im Zeitpunkt t.

$a = a(t)$ ist der Betrag des Beschleunigungsvektors $\vec{a}$ im Zeitpunkt t.

2.1.2 Geradlinige Bewegung mit konstanter Geschindigkeit v

$$v = \frac{\Delta s}{\Delta t}; \; v = \frac{s_2 - s_1}{t_2 - t_1}$$

$v =$ konstant

v	Geschwindigkeit	$\frac{m}{s}$
s_1, s_2	Ort	m
Δs	Ortsänderung	m
t_1, t_2	Zeit	s
Δt	Zeitänderung	s

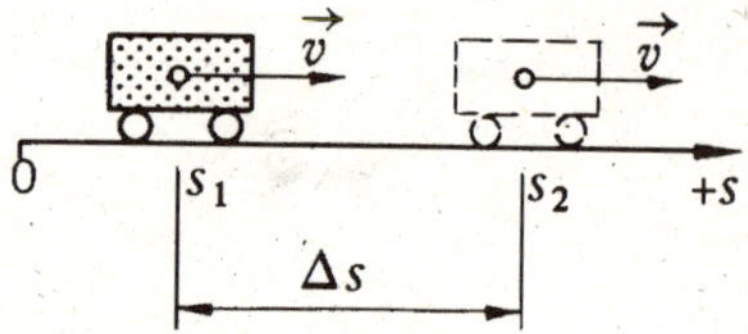

Der Geschwindigkeitsvektor $\vec{v}$ behält Betrag und Richtung bei.

2.1.3 Geradlinige Bewegung mit konstanter Beschleunigung a

Beschleunigung aus dem Stand: $v_0 = 0$

$$a = \frac{\Delta v}{\Delta t}; \; a = \frac{v}{t}$$

$a =$ konstant

$$s = \frac{1}{2} a t^2$$

$$2\,as = v^2$$

$$v_{med} = \frac{v}{2}$$

a	Beschleunigung	$\frac{m}{s^2}$
v	Geschwindigkeit	$\frac{m}{s}$
Δv	Geschwindigkeits-änderung	$\frac{m}{s}$
t	Zeit	s
Δt	Zeitänderung	s
v_{med}	mittlere Geschwindigkeit	$\frac{m}{s}$
s	Ort	m

$$v_0 = v(0)$$

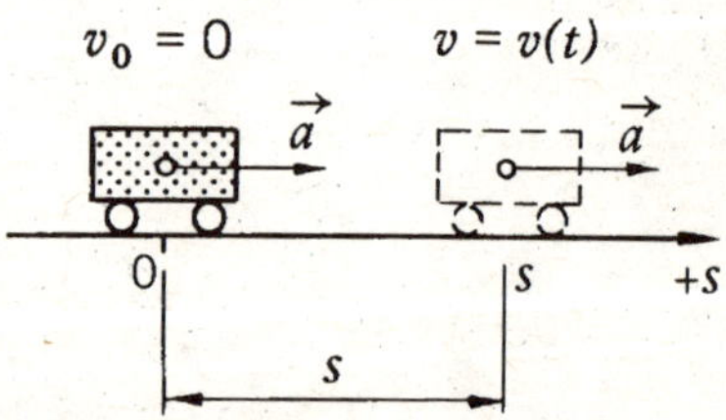

Der Beschleunigungsvektor $\vec{a}$ behält Betrag und Richtung bei.

Beschleunigung bei Anfangsgeschwindigkeit: $v_0 \neq 0$

$$a = \frac{v - v_0}{t}$$

$$s = v_0 t + \frac{1}{2} a t^2$$

$$2\,as = v^2 - v_0^2$$

$$v_{med} = \frac{v_0 + v}{2}$$

a	Beschleunigung	$\frac{m}{s^2}$
v_0	Anfangsgeschwindigkeit	$\frac{m}{s}$
v	Geschwindigkeit	$\frac{m}{s}$
s	Ort	m
t	Zeit	s
v_{med}	mittlere Geschwindigkeit	$\frac{m}{s}$

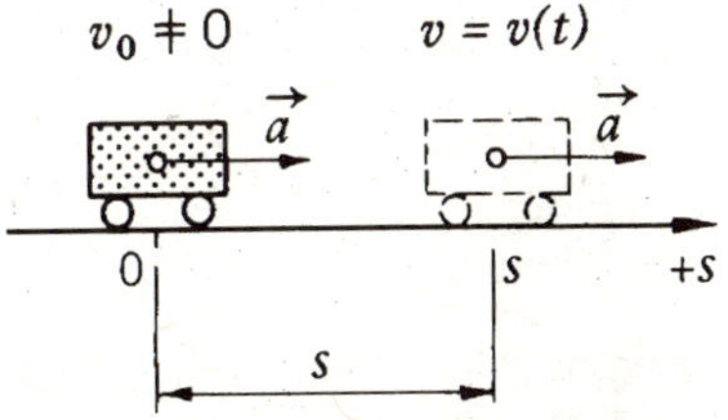

2.1.4 Freier Fall: $a = g$

$$v_{fin} = g\,t$$

$$h = \frac{v_{fin}}{2}\,t$$

$$h = \frac{g}{2}\,t^2$$

v_{fin}	Endgeschwindigkeit	$\frac{m}{s}$
g	Fallbeschleunigung	$\frac{m}{s^2}$
t	Zeit	s
h	Fallhöhe	m

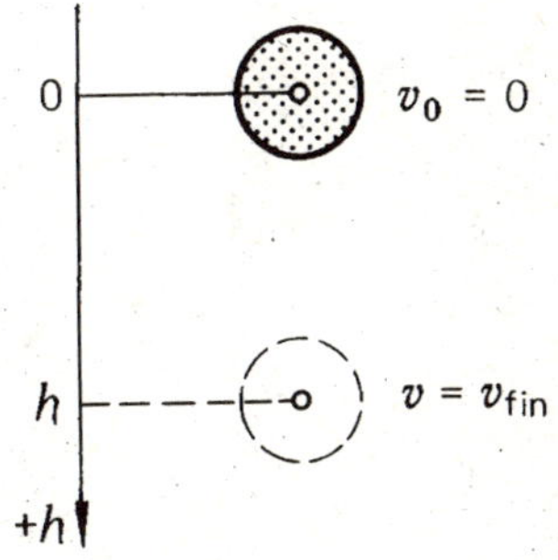

2.1.5 Kreisbewegung mit konstanter Winkelgeschwindigkeit ω

$$f = \frac{n}{t}$$

$$T = \frac{1}{f}$$

$$\varphi = \frac{s}{r}$$

$$\omega = \frac{\varphi}{t}\,;\ \omega = \frac{2\pi}{T}$$

ω = konstant

$$v = \omega r$$

$$a_{rad} = \omega^2 r;\ a_{rad} = \frac{v^2}{r}$$

f	Frequenz	$\frac{1}{s}$
n	Anzahl der Drehungen	–
t	Zeit	s
T	Umlaufdauer	s
φ	Drehwinkel	rad
s	Bogenlänge	m
r	Kreisradius	m
ω	Winkelgeschwindigkeit	$\frac{1}{s}$
v	Bahngeschwindigkeit	$\frac{m}{s}$
a_{rad}	Zentral-, Zentripetal-beschleunigung	$\frac{m}{s^2}$

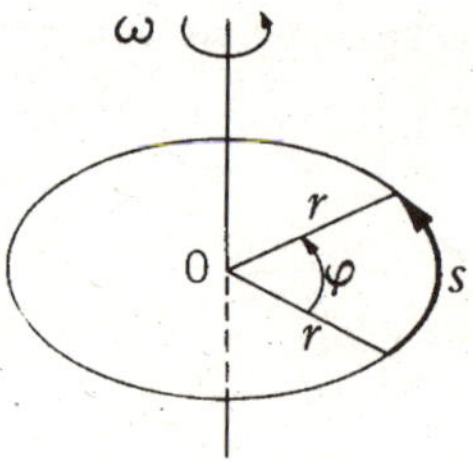

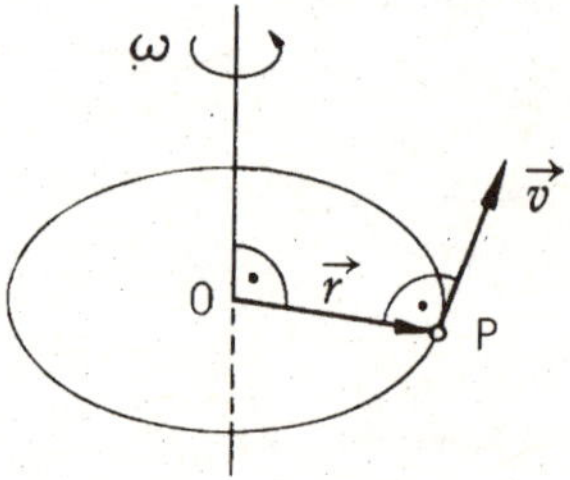

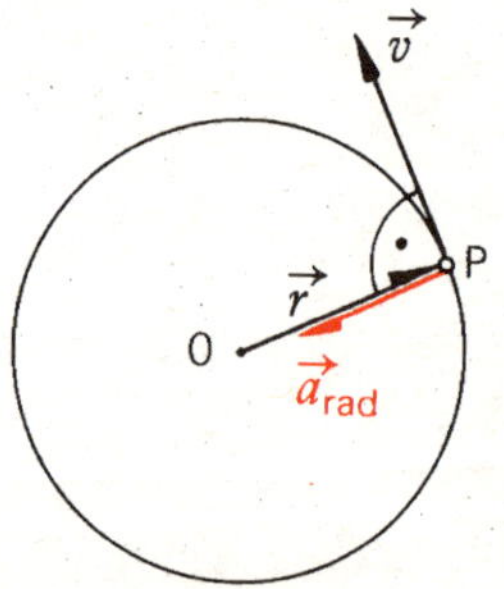

$\vec{v}$: Vektor der Bahngeschwindigkeit

$\vec{r}$: Ortsvektor des rotierenden Punktes P

r: Betrag des Ortvektors $\vec{r}$, Kreisradius

$\vec{a}_{rad}$: Vektor der Zentralbeschleunigung

$$\vec{a}_{rad} = -\,\omega^2 \vec{r}$$

2.2 Kraft und Masse

2.2.1 Trägheitsprinzip (1. Gesetz von Newton):

Ist die an einem Körper angreifende resultierende Kraft $\vec{F}_{rsl} = \vec{0}$ oder wirkt keine Kraft auf ihn ein, so hält der Körper seine Geschwindigkeit nach Betrag und Richtung bei.

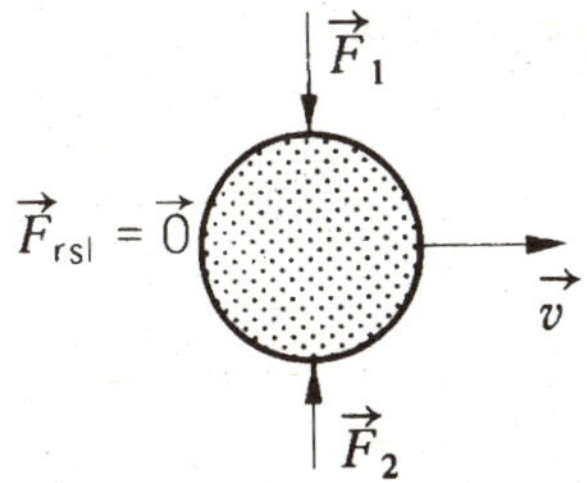

2.2.2 Grundgleichung der Mechanik (2. Gesetz von Newton):

$\vec{F} = m\,\vec{a}$

m = konstant

$\vec{F}$	Kraftvektor	N
m	Masse	kg
$\vec{a}$	Beschleunigungsvektor	$\frac{m}{s^2}$

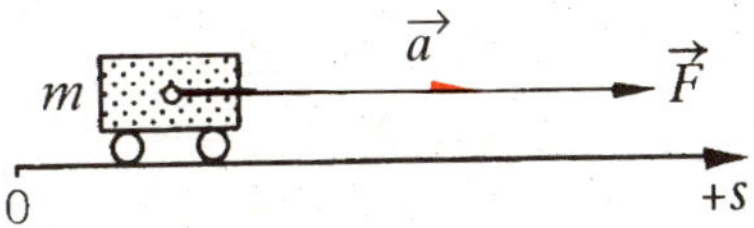

Die Kraft $\vec{F}$ bewirkt die Beschleunigung $\vec{a}$ an der Masse m.

$F = m\,a$

F	Kraft	N
m	Masse	kg
a	Beschleunigung	$\frac{m}{s^2}$

$F_G = m\,g$

F_G	Gewichtskraft	N
m	Masse	kg
g	Fallbeschleunigung	$\frac{m}{s^2}$

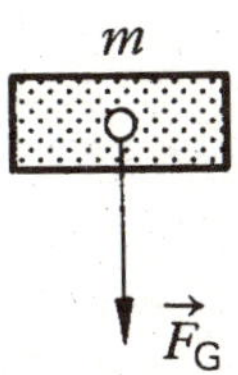

Gleichgewichtsbedingung für Kräfte

statisches Gleichgewicht

$$\vec{F}_1 + \vec{F}_2 = \vec{0}$$

$\vec{F}_1, \vec{F}_2$	Kraftvektoren	N

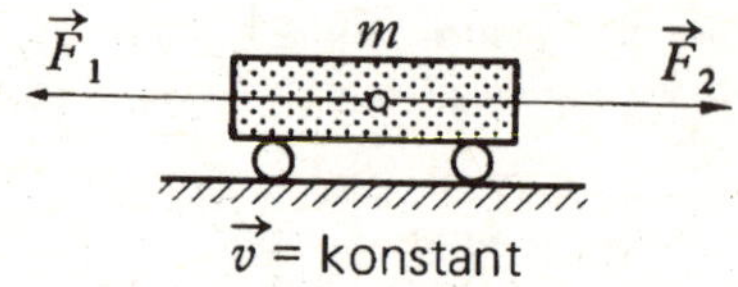

dynamisches Gleichgewicht

$$\vec{F}_1 + \vec{F}_2 + \vec{F}_{tr} = \vec{0}$$

$\vec{F}_1, \vec{F}_2$	Kraftvektoren	N
$\vec{F}_{tr}$	Vektor der Trägheitskraft	N

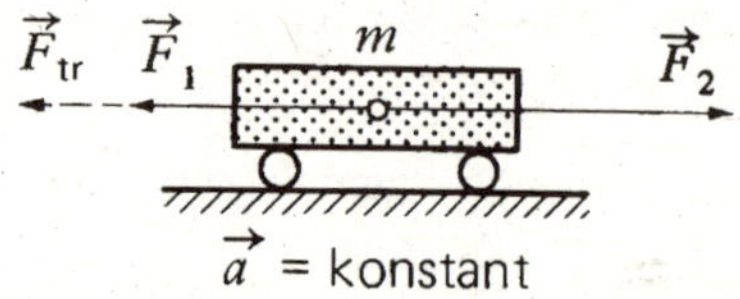

2.2.3 Wechselwirkungsprinzip (3. Gesetz von Newton):

$$\vec{F}_1 = -\vec{F}_2$$

$\vec{F}_1, \vec{F}_2$	Kraftvektoren	N

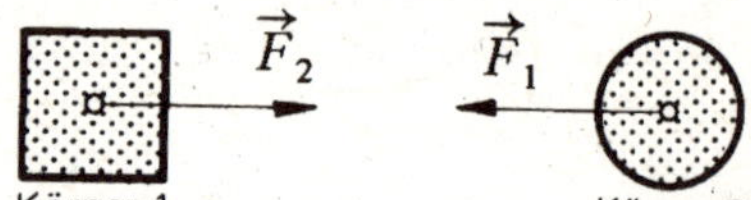

2.2.3 Schiefe Ebene

$$F_H = F_G \frac{h}{l}$$

$$F_H = F_G \sin \alpha$$

$$F_N = F_G \frac{b}{l}$$

$$F_N = F_G \cos \alpha$$

$$\tan \alpha = \frac{h}{b}$$

F_H	Hangabtriebskraft	N
F_G	Gewichtskraft	N
F_N	Normalkraft	N
l	Länge	m
h	Höhe	m
b	Basislänge	m
$\tan \alpha$	Steigung	–

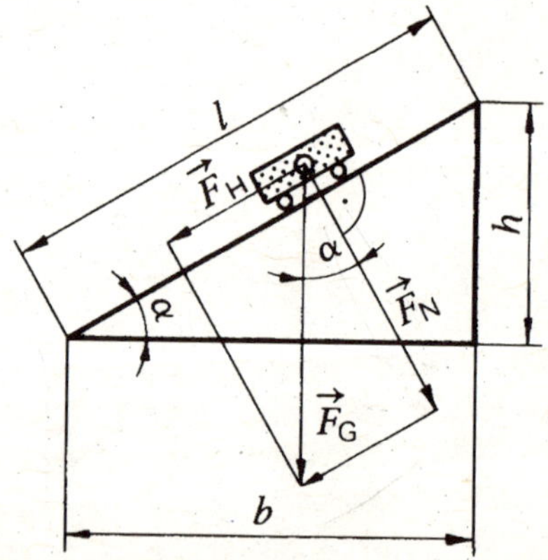

2.2.5 Zentralkraft bei der Kreisbewegung mit konstanter Winkelgeschwindigkeit ω

$$\vec{F}_{rad} = -m\,\omega^2\,\vec{r}$$

$\vec{F}_{rad}$	Vektor der Zentralkraft, Zentripetalkraft	N
m	Masse	kg
ω	Winkelgeschwindigkeit	$\frac{1}{s}$
$\vec{r}$	Ortsvektor	m

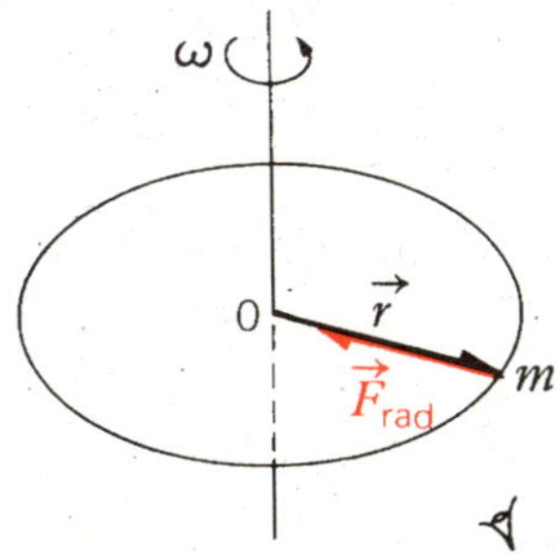

B: Beobachter

$$F_{rad} = m\,\omega^2\,r$$

$$F_{rad} = m\,\frac{v^2}{r}$$

F_{rad}	Zentral-, Zentripetalkraft	N
m	Masse	kg
ω	Winkelgeschwindigkeit	$\frac{1}{s}$
r	Kreisradius	m
v	Bahngeschwindigkeit	$\frac{m}{s}$

$$\vec{F}_z = -\vec{F}_{rad}$$

$\vec{F}_z$	Vektor der Zentrifugal-(Trägkeits-)kraft	N
$\vec{F}_{rad}$	Vektor der Zentralkraft, Zentripetalkraft	N

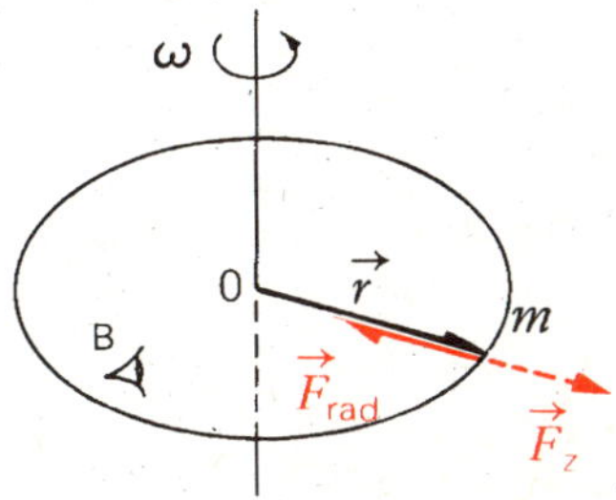

Gleichgewicht von $\vec{F}_z$ und $\vec{F}_{rad}$ im rotierenden Bezugssystem

2.3 Arbeit und Energie

2.3.1 Definition der Arbeit

$$W_{12} = \vec{F}\,\vec{s}_{12}$$

$$W_{12} = |\vec{F}|\,|\vec{s}_{12}| \cos\varphi$$

W_{12}	Arbeit	J
$\vec{F}$	konstanter Kraftvektor	N
$\vec{s}_{12}$	Vektor der Ortsänderung, Verschiebungsvektor	m
$s_1; s_2$	Orte des Anfangs- und Endpunktes der Bewegung im Bezugssystem	m
s_{12}	Ortsänderung	m

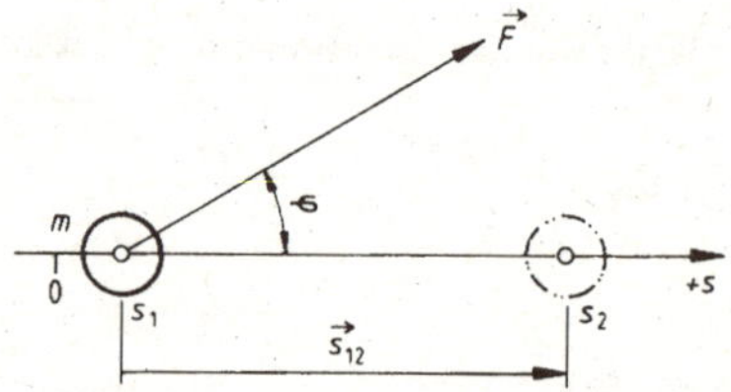

$$|\vec{s}_{12}| = s_{12} = \Delta s = |s_2 - s_1|$$

$$0 \le \varphi = \sphericalangle(\vec{F}; \vec{s}_{12}) \le \pi$$

$0 \le \varphi < \frac{\pi}{2} : W > 0$

$\varphi = \frac{\pi}{2} : W = 0$

$\frac{\pi}{2} < \varphi \le \pi : W < 0$

$$W = \int_{s_1}^{s_2} F(s)\,ds$$

W	Arbeit	J
$F(s)$	vom Ort s abhängige Kraft	N
s	Ort, Auslenkung	m

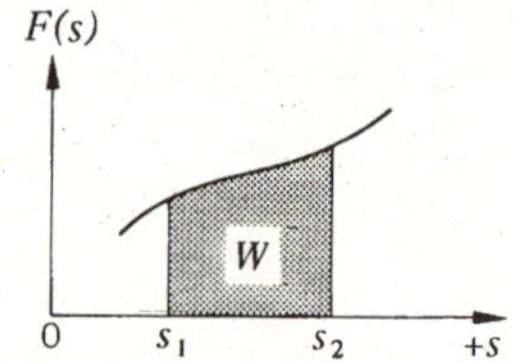

2.3.2 Arbeit bei konstanter Kraft

Hubarbeit im homogenen Gravitationsfeld der Erde mit $g = 9{,}81\,\frac{\text{m}}{\text{s}^2}$

$$W_h = F_G\,(h_2 - h_1)$$

$$W_h = m\,g\,(h_2 - h_1)$$

W_h	Hubarbeit		J
F_G	Gewichtskraft		N
h_1	Anfangshöhe	relativ zum Bezugspunkt	m
h_2	Endhöhe	relativ zum Bezugspunkt	m
g	Fallbeschleunigung		$\frac{\text{m}}{\text{s}^2}$
m	Masse		kg

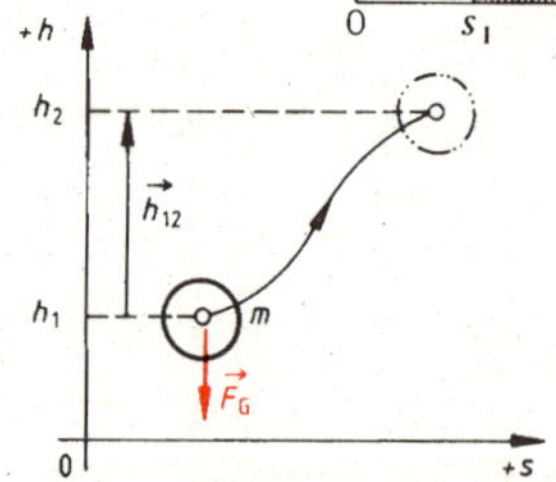

$W_h < 0$ falls $\vec{F}_G \uparrow\uparrow \vec{h}_{12}$

$W_h > 0$ falls $\vec{F}_G \uparrow\downarrow \vec{h}_{12}$

Reibungsarbeit

$$W_R = F_R \, s_{12}$$

$$F_R = \mu \, F_N$$

W_R	Reibungsarbeit	J
F_R	Reibungskraft	N
s_{12}	Ortsänderung, Verzögerungsstrecke	m
F_N	Normalkraft	N
μ	Haft- oder Reibungszahl	–

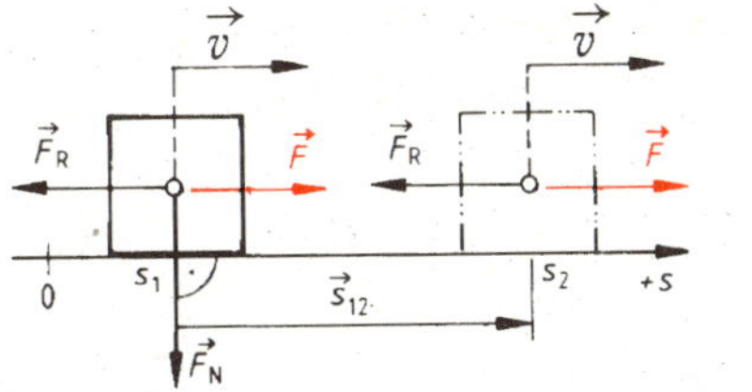

$|\vec{F}| = |\vec{F}_R| = F_R =$ konst., falls $\vec{v} =$ konst.

Tabelle der Reibungszahlen: S. 106

Beschleunigungsarbeit

$$W_a = \frac{1}{2} m \left(v_2^2 - v_1^2\right)$$

W_a	(zu verrichtende) Beschleuningsarbeit	J
m	Masse	kg
v_1	Anfangsgeschwindigkeit	$\frac{m}{s}$
v_2	Endgeschwindigkeit	$\frac{m}{s}$

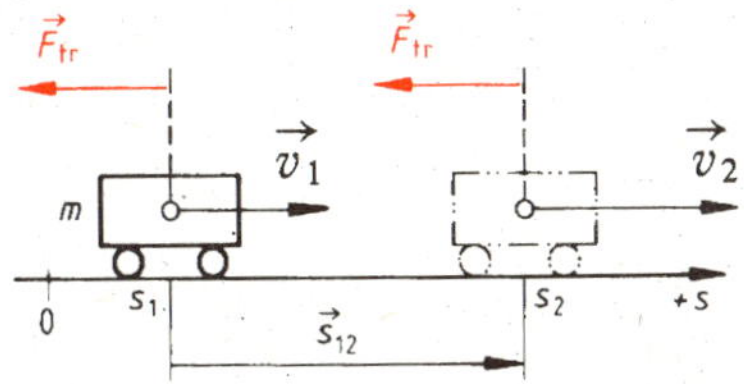

$\vec{F}_{tr}$: Trägheitskraft

2.3.3 Arbeit bei ortsabhängiger Kraft

Spannarbeit

$$W_{sp} = \frac{1}{2} D \left(s_2^2 - s_1^2\right)$$

W_{sp}	Spannarbeit	J
D	Federkonstante, Richtgröße	$\frac{N}{m}$
s_1	Anfangsort Anfangsauslenkung	m
s_2	Endort, Endauslenkung	m

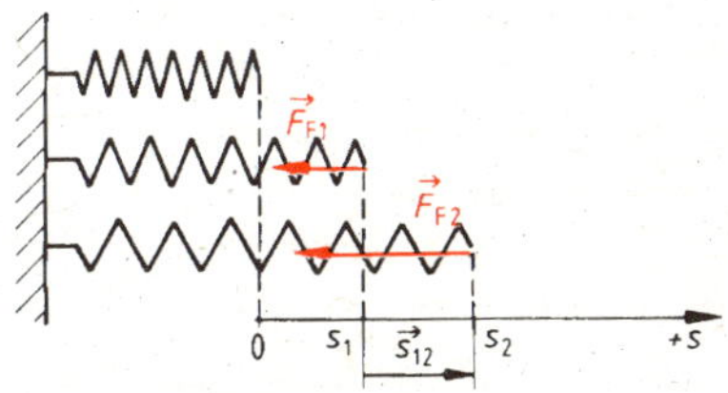

$$F_F = D \, (s_1 - s_2)$$

$\vec{F}_F$: Federkraft

2.3.4 Leistung, Wirkungsgrad

Definition der Leistung P

$$P = \lim_{\Delta t \to 0} \frac{\Delta W}{\Delta t}$$

$$P = \dot{W}(t)$$

P	momentane Leistung im Zeitpunkt t	W
ΔW	Arbeitsänderung, verrichtete Arbeit	J
Δt	Zeitänderung	s
$\dot{W}(t)$	Ableitung der Arbeit nach der Zeit	W

$$1\ W = 1\ \frac{\mathrm{J}}{\mathrm{s}} = 1\ \frac{\mathrm{Nm}}{\mathrm{s}}$$

$$3{,}60 \cdot 10^6\ \mathrm{Ws} = 1\ \mathrm{kWh}$$

$$P = \frac{\Delta W}{\Delta t}$$

P	(mechanische) Leistung	W
ΔW	(mechanische) Arbeitsänderung, verrichtete Arbeit	J
Δt	Zeitänderung	s

$$\eta = \frac{P_2}{P_1}$$

η	Wirkungsgrad	–
P_1	zugeführte Leistung	W
P_2	abgegebene Leistung	W

2.3.5 Verschiedene Formen mechanischer Energie

Potentielle Energie (Lageenergie)

$$\Delta E_{\mathrm{P}} = E_{\mathrm{P2}} - E_{\mathrm{P1}} = - W_{12}$$

$\Delta E_{\mathrm{P}}, \Delta E_{\mathrm{pot}}$	Änderung der potentiellen Energie, Lageenergie	J
E_{P1}	potentielle Energie im Anfangspunkt	J
E_{P2}	potentielle Energie im Endpunkt	J
W_{12}	mechanische Arbeit zw. Anfangs- und Endpunkt der Bewegung	J

Die Änderung der potentiellen Energie $\Delta E_{\mathrm{p}} = - W_{12}$ gilt, falls die Arbeit einer Kraft $\vec{F}$ längs eines Weges zwischen zwei beliebigen Bahnpunkten unabhängig vom Verlauf des Weges ist.

Potentielle Energie (Lageenergie) im homogenen Gravitationsfeld der Erde mit $g = 9{,}81\ \frac{m}{s^2}$

$$E_P = F_G\,(h_2 - h_1)$$

$$E_P = mg\,(h_2 - h_1)$$

E_p	Lageenergie	J
F_G	Gewichtskraft	N
h_1	Anfangshöhe, willkürlich wählbarer Bezugspunkt	m
h_2	Endhöhe, Höhe über Bezugspunkt	m
m	Masse	kg
g	Fallbeschleunigung	$\frac{m}{s^2}$

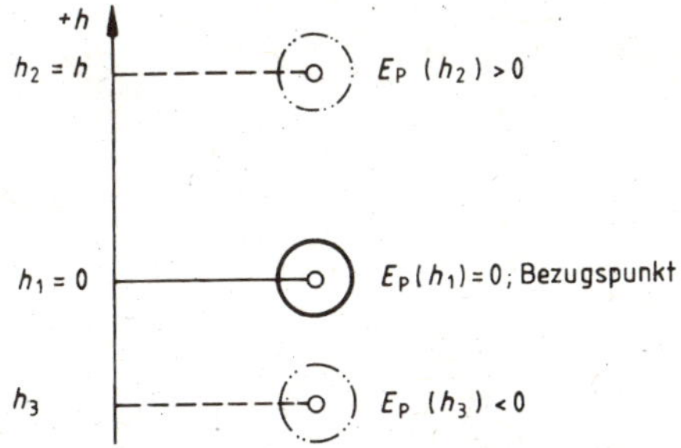

Tabelle der Energieeinheiten: S. 114

Kinetische Energie (Bewegungsenergie)

$$E_k = \frac{m}{2}\,v^2$$

E_k, E_{kin}	Bewegungsenergie	J
m	Masse	kg
v	Geschwindigkeit	$\frac{m}{s}$

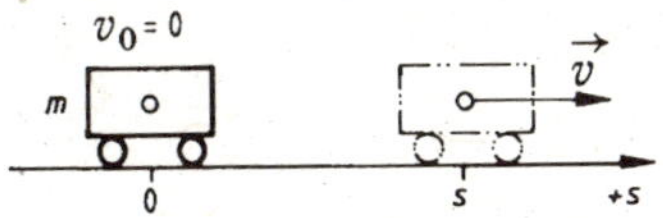

Spannenergie, elastische Energie

$$E_{sp} = \frac{1}{2}\,D\,s^2$$

E_{sp}	Spannenergie, elastische Energie, potentielle Energie der Elastizität	J
D	Federkonstante, Richtgröße	$\frac{N}{m}$
s	Ort, Auslenkung	m

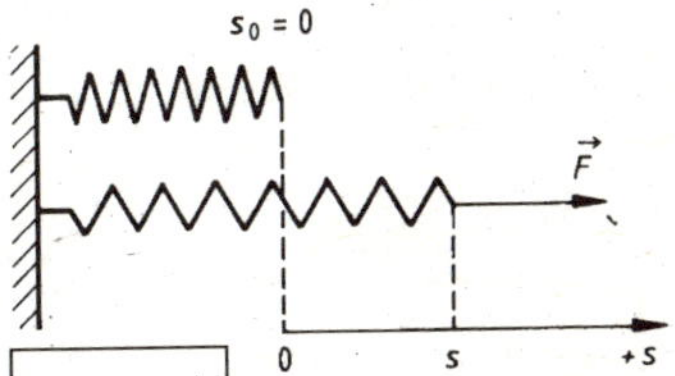

$$F = D\,s$$

2.3.6 Erhaltungssatz der mechanischen Energie im abgeschlossenen System

$$E = E_P + E_K + E_{sp}$$
$$E = \text{konstant}$$

E	Gesamtenergie	J
E_p	potentielle Energie	J
E_k	kinetische Energie	J
E_{sp}	Spannenergie	J

Im abgeschlossenen System kann Energie weder verloren gehen noch neu entstehen. Die Energieformen wandeln sich lediglich ineinander um.

2.3.7 Impuls und Kraftstoß

Definition des Impulses

$$\vec{p} = m\,\vec{v}$$

$\vec{p}$	Impulsvektor	$\frac{\text{kg m}}{\text{s}}$
m	Masse	kg
$\vec{v}$	Geschwindigkeitsvektor	$\frac{\text{m}}{\text{s}}$

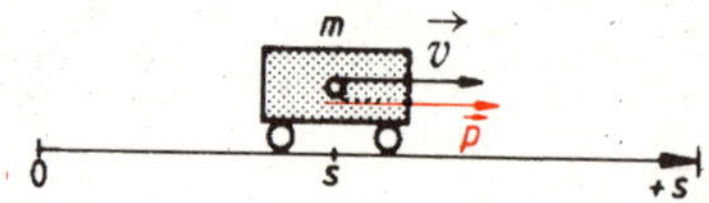

$$p = m\,v$$

p	Impuls	$\frac{\text{kg m}}{\text{s}}$
m	Masse	kg
v	Geschwindigkeit	$\frac{\text{m}}{\text{s}}$

$$1\,\frac{\text{kg m}}{\text{s}} = 1\,\text{Ns}$$

Zusammenhang zwischen Impulsänderung und Kraftstoß

$$\Delta\vec{p} = m\,\Delta\vec{v} = \vec{F}\,\Delta t$$

$\Delta\vec{p}$	Vektor der Impulsänderung	$\frac{\text{kg m}}{\text{s}}$
m	konstante Masse	kg
$\Delta\vec{v}$	Vektor der Geschwindigkeitsänderung	$\frac{\text{m}}{\text{s}}$
$\vec{F}$	konstanter Kraftvektor in derZeitdauer Δt	N
$\vec{F}\,\Delta t$	Kraftstoßvektor	Ns

$$\Delta p = m\,\Delta v = F\,\Delta t$$

Δp	Impulsänderung	$\frac{\text{kg m}}{\text{s}}$
m	konstante Masse	kg
Δv	Geschwindigkeits-änderung	$\frac{\text{m}}{\text{s}}$
F	konstante Kraft in der Zeitdauer Δt	N
$F\Delta t$	Kraftstoß, Antrieb	Ns

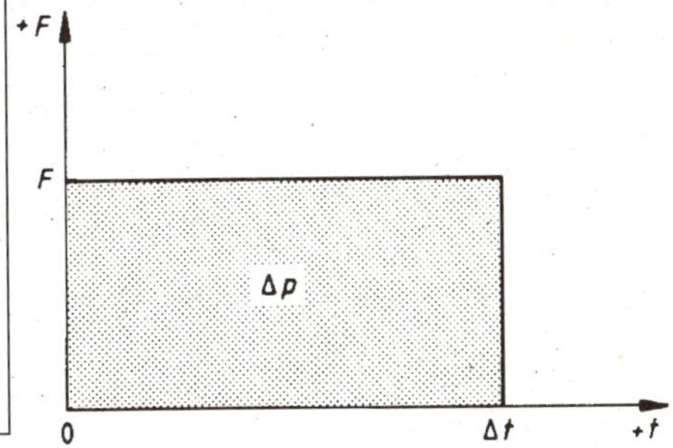

2.3.8 Impulserhaltungssatz im abgeschlossenen System

n-Körper

$$\vec{p} = \vec{p}_1 + \vec{p}_2 + \ldots + \vec{p}_n$$
$$\vec{p} = \text{konstant}$$

$\vec{p}$	Gesamtimpulsvektor	$\frac{\text{kg m}}{\text{s}}$
$\vec{p}_1, \ldots, \vec{p}_n$	Vektoren der Einzelimpulse	$\frac{\text{kg m}}{\text{s}}$

Im abgeschlossenen System aus n-Körpern ist die Vektorsumme aller Impulsänderungen stets der Nullvektor.

$$\Delta\vec{p}_1 + \Delta\vec{p}_2 + \ldots + \Delta\vec{p}_n = \vec{0}$$

2 Körper

$$m_1 v_1 + m_2 v_2 = m_1 v_1^* + m_2 v_2^*$$

m_1, m_2	Massen zweier Körper	kg
v_1, v_2	Geschwindigkeit vor dem Stoß	$\frac{\text{m}}{\text{s}}$
v_1^*, v_2^*	Geschwindigkeit nach dem Stoß	$\frac{\text{m}}{\text{s}}$

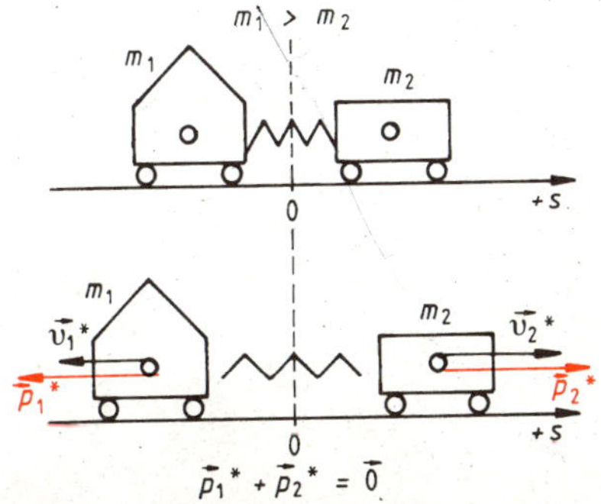

2.3.9 Gerader zentraler Stoß zweier Körper

Zentraler vollkommen elastischer Stoß zweier Körper

$$v_1{}^* = \frac{m_1 v_1 + m_2\,(2\,v_2 - v_1)}{m_1 + m_2}$$

$$v_2{}^* = \frac{m_2 v_2 + m_1\,(2\,v_1 - v_2)}{m_1 + m_2}$$

$v_1{}^*, v_2{}^*$	Geschwindigkeiten der Körper nach dem Stoß	$\frac{\text{m}}{\text{s}}$
m_1, m_2	Massen zweier Körper	kg
v_1, v_2	Geschwindigkeiten der Körper vor dem Stoß	$\frac{\text{m}}{\text{s}}$

Impuls- und Energieerhaltungssatz gelten

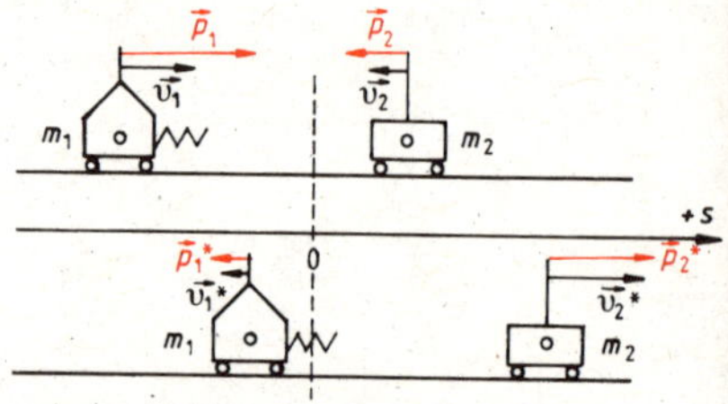

Geschwindigkeit in Koordinatenrichtung ist positiv, gegen die Koordinatenrichtung negativ.

Zentraler vollkommen unelastischer Stoß zweier Körper

$$v^* = \frac{m_1 v_1 + m_2\,v_2}{m_1 + m_2}$$

v^*	gemeinsame Geschwindigkeit beider Körper nach dem Stoß	$\frac{\text{m}}{\text{s}}$
m_1, m_2	Massen zweier Körper	kg
v_1, v_2	Geschwindigkeiten vor dem Stoß	$\frac{\text{m}}{\text{s}}$

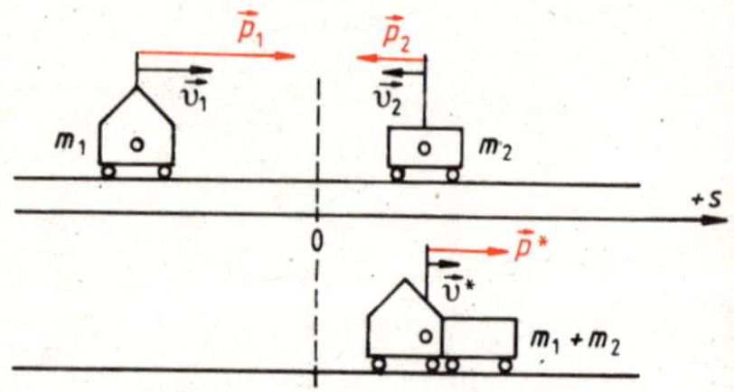

Nach dem Stoß bewegen sich die beiden miteinander verbundenen Körper mit gemeinsamer Geschwindigkeit weiter: $v_1{}^* = v_2{}^* = v^*$.

3. Felder

3.1 Gravitationsfeld

3.1.1 Keplersche Gesetze

1. Gesetz

Die Planeten (Satelliten) bewegen sich auf Ellipsenbahnen, in deren gemeinsamen Brennpunkt die Sonne (der Zentralkörper) steht.

2. Gesetz

Der Ortsvektor $\vec{r}$ von der Sonne (vom Zentralkörper) zum Planeten (Satelliten) überstreicht in gleichen Zeiten gleiche Flächen.

3. Gesetz

Die Quadrate der Umlaufzeiten zweier Planeten (Satelliten) der Sonne (eines Zentralkörpers) verhalten sich wie die dritten Potenzen der großen Halbachsen ihrer Bahnellipsen.

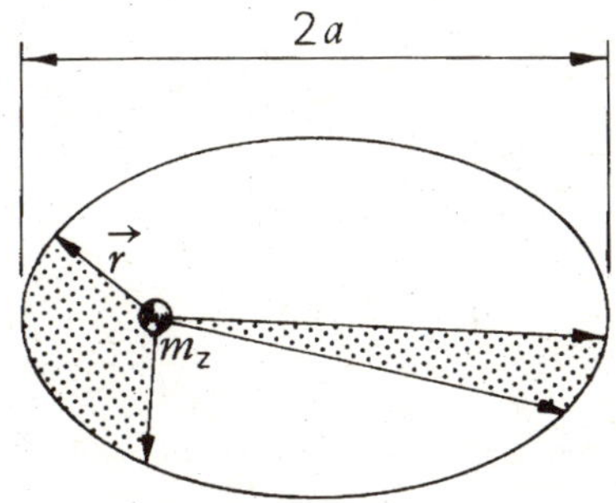

m_z: Masse des Zentralkörpers

$$\frac{T_1^2}{T_2^2} = \frac{a_1^3}{a_2^3}$$

$$\frac{T^2}{a^3} = \text{konstant}$$

T, T_1, T_2	Umlaufzeit	s
a, a_1, a_2	Halbachse der Bahnellipse	m

Tabelle der astronomischen Daten: S. 115

3.1.2 Gravitationsgesetz von Newton

$$F = G\,\frac{m_1\,m_2}{r^2}$$

F	Gravitationskraft	N
G	Gravitationskonstante	$\frac{\text{Nm}^2}{\text{kg}^2}$
m_1, m_2	Massen	kg
r	Entfernung der Massenmittelpunkte	m

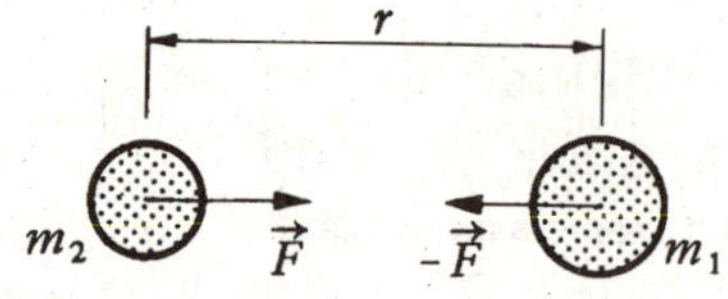

$\vec{F}$ ist die Kraft des Massenpunktes m_1 auf den Massenpunkt m_2.

$|\vec{F}| = |-\vec{F}| = F$

3.1.3 Gravitationsfeldstärke und -potential

$$\gamma = \frac{F}{m_2}$$

γ	Gravitationsfeldstärke	$\frac{\text{m}}{\text{s}^2}$
F	Gravitationskraft	N
m_2	Masse des Probekörpers	kg

$$V = -G\,\frac{m_1}{r}$$

V	Gravitationspotential	$\frac{\text{J}}{\text{kg}}$
G	Gravitationskonstante	$\frac{\text{Nm}^2}{\text{kg}^2}$
m_1	Feld erzeugende Zentralmasse	kg
r	Entfernung vom Mittelpunkt der kugelförmigen Zentralmasse	m

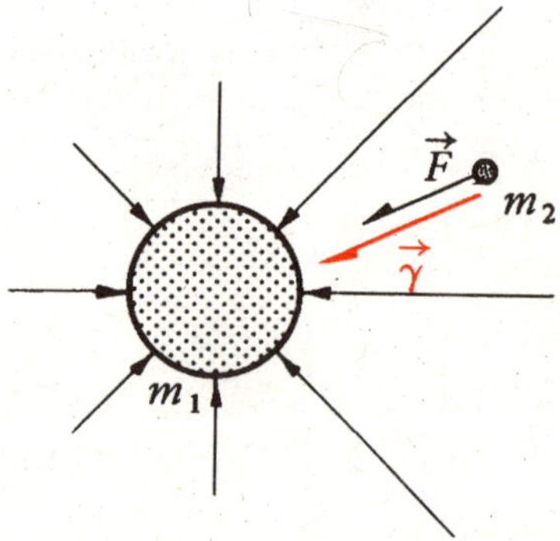

Im erdnahen Raum gilt: $\gamma = g_n$.

Bezugspunkt im Unendlichen mit $V_0 = 0$

3.1.4 Verschiebungsarbeit

im homogenen Gravitationsfeld: γ = konstant

$W_{12} > 0$ falls $\vec{F} \uparrow\uparrow \vec{r}_{12}$

$W_{12} < 0$ falls $\vec{F} \uparrow\downarrow \vec{r}_{12}$

$$W_{12} = m\,\gamma\,(r_1 - r_2)$$

W_{12}	Verschiebungsarbeit	J
m	Masse	kg
γ	Gravitationsfeldstärke	$\frac{\text{m}}{\text{s}^2}$
r_1	Entfernung vor Verschiebung	m
r_2	Entfernung nach Verschiebung	m

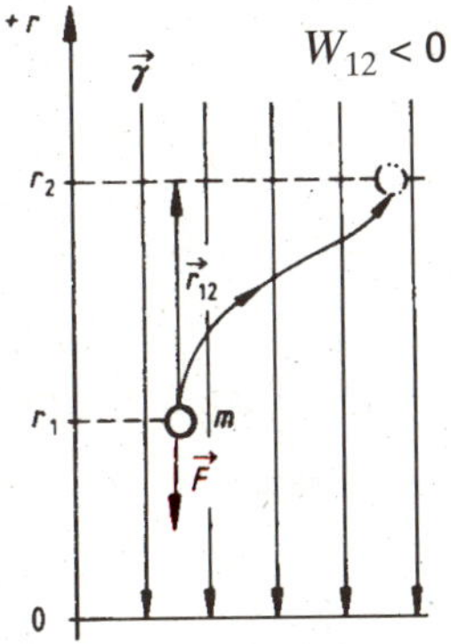

im radialsymmetrischen Gravitationsfeld: $\gamma(r) = G\,\frac{m_1}{r^2}$

$$W_{12} = + G\,m_1\,m_2\,\left(\frac{1}{r_1} - \frac{1}{r_2}\right)$$

W_{12}	Verschiebungsarbeit	J
G	Gravitationskonstante	$\frac{\text{Nm}^2}{\text{kg}^2}$
m_1, m_2	Massen zweier Körper	kg
r_1	Entfernung vor Verschiebung	m
r_2	Entfernung nach Verschiebung	m

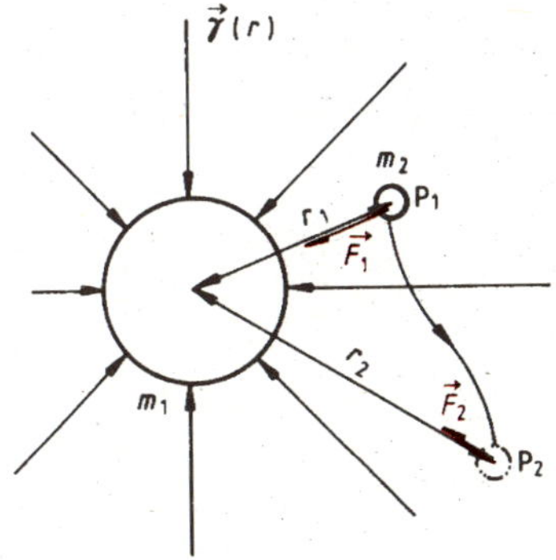

$W_{12} > 0$ falls $r_1 > r_2$: Die Feldkraft $\vec{F}$ verrichtet bei m_2-Verschiebung von P_1 nach P_2 Arbeit

$W_{12} < 0$ falls $r_1 < r_2$: Gegen die Feldkraft $\vec{F}$ wird bei m_2-Verschiebung von P_1 nach P_2 Arbeit verrichtet

3.2 Elektrisches Feld

3.2.1 Stromstärke und Leiterwiderstand

$$I = \lim_{\Delta t \to 0} \frac{\Delta Q}{\Delta t}; I = \dot{Q}(t)$$

I	Stromstärke	A
ΔQ	Ladungssänderung	C
t	Zeit	s
Δt	Zeitänderung	s
$\dot{Q}(t)$	Ableitung der Ladung nach der Zeit t	A

ΔQ ist die Ladung, die in der Zeitänderung Δt durch die Querschnittfläche A des Leiters transportiert wird.

1 C =1 As

Definition des elektrischen Leiterwiderstandes R

$$R = \frac{U}{I}$$

R	Leiterwiderstand	Ω
U	Spannung	V
I	Stromstärke	A

Ohmsches Gesetz:

$U = R\,I$; R = konstant

3.2.2 Definition des elektrischen Feldstärke E

$$\vec{E} = \frac{\vec{F}}{Q}$$

$\vec{E}$	Vektor der elektrischen Feldstärke am Ort der Probeladung Q	$\frac{N}{C}$
$\vec{F}$	Kraftvektor	N
Q	positive Probeladung	C

$$E = \frac{F}{Q}$$

E	elektrische Feldstärke	$\frac{N}{C}$
F	Kraft	N
Q	positive Probeladung	C

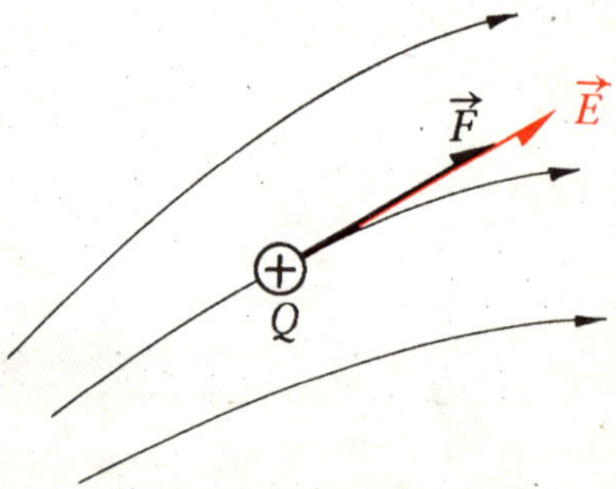

3.2.3 Gesetz von Coulomb

$$F = \frac{1}{4\pi\epsilon_0}\,\frac{Q_1\,Q_2}{r^2}$$

F	Kraft	N
Q_1, Q_2	Punktladung	C
r	Entfernung	m
ϵ_0	elektrische Feldkonstante	$\frac{\text{As}}{\text{Vm}}$

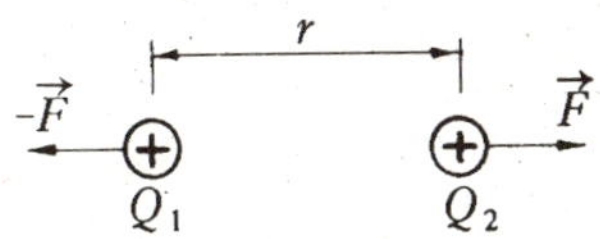

$\vec{F}$ ist die Kraft der Punktladung Q_1 im Vakuum auf die Punktladung Q_2. $|\vec{F}| = |-\vec{F}| = F$

3.2.4 Verschiebungsarbeit

im homogenen elektrischen Feld: E = konstant

$$W_{12} = Q\,E\,(r_2 - r_1)$$

W_{12}	Verschiebungsarbeit	J
Q	Ladung mit Vorzeichen	C
E	elektrische Feldstärke	$\frac{\text{N}}{\text{C}}$
r_1	Entfernung vor Verschiebung	m
r_2	Entfernung nach Verschiebung	m

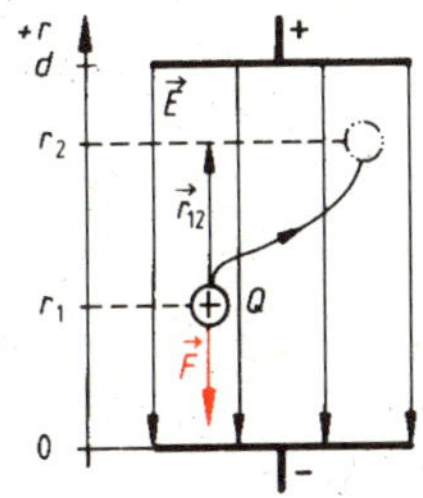

$W_{12} > 0$ falls $\vec{F} \uparrow\uparrow \vec{r}_{12}$

$W_{12} < 0$ falls $\vec{F} \uparrow\downarrow \vec{r}_{12}$

im radialsymmetrischen elektrischen Feld: $E\,(r) = \frac{1}{4\pi\epsilon_0}\,\frac{Q_1}{r^2}$

$$W_{12} = \frac{1}{4\pi\epsilon_0}\,Q_1\,Q_2\,\left(\frac{1}{r_1} - \frac{1}{r_2}\right)$$

W_{12}	Verschiebungsarbeit	J
Q_1, Q_2	Ladung mit Vorzeichen	C
r_1	Entfernung vor Verschiebung	m
r_2	Entfernung nach Verschiebung	m
ϵ_0	elektrische Feldkonstante	$\frac{\text{As}}{\text{Vm}}$

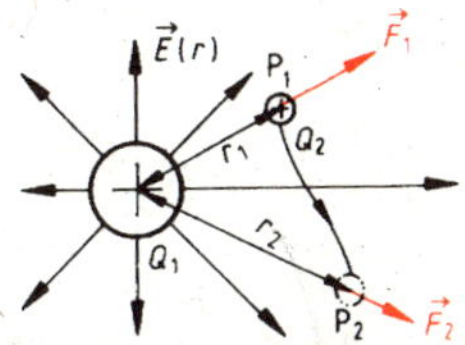

$W_{12} > 0$: Die Feldkraft $\vec{F}$ verrichtet bei Q_2-Verschiebung von P_1 nach P_2 Arbeit.

$W_{12} < 0$: Gegen die Feldkraft $\vec{F}$ wird bei Q_2-Verschiebung von P_1 nach P_2 Arbeit verrichtet.

3.2.5 Definition des elektrischen Potentials φ_e

$$\varphi_e = \frac{E_{pot}}{Q}$$

φ_e	elektrisches Potential im Punkt P des elektrischen Feldes gegenüber einem Bezugspunkt Po	V
E_{pot}	potentielle Energie im Feldpunkt P gegenüber Bezugspunkt Po	J
Q	positive Probeladung	C

$$1\,V = 1\,\frac{J}{C}$$

internalionales Formelzeichen für das (elektrische) Potential: V (siehe S. 44)

Der frei wählbare Bezugspunkt Po hat das Potential $\varphi_{eo} = 0$

Potential eines radialsymmetrischen Feldes

$$\varphi_e = \frac{1}{4\pi\epsilon_0}\,\frac{Q}{r}$$

φ_e	elektrisches Potential im Feldpunkt P	V
Q	Punktladung mit Vorzeichen	C
r	Entfernung	m
ϵ_0	elektrische Feldkonstante	$\frac{As}{Vm}$

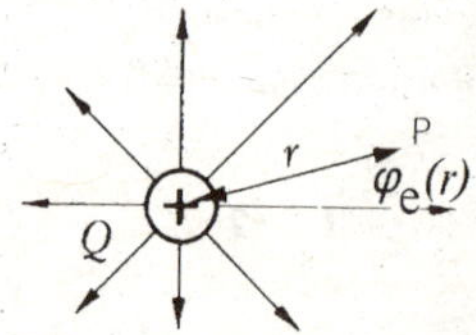

Bezugspunkt im Unendlichen mit $\varphi_{eo} = 0$

3.2.6 Elektrische Spannung U_{12} zwischen zwei Punkten P_1 und P_2 eines elektrischen Feldes

$$U_{21} = \varphi_{e2} - \varphi_{e1}$$

U_{12}	elektrische Spannung des Feldpunktes P_1 gegenüber dem Feldpunkt P_2	V
φ_{e1}	Potential in P_1	V
φ_{e2}	Potential in P_2	V

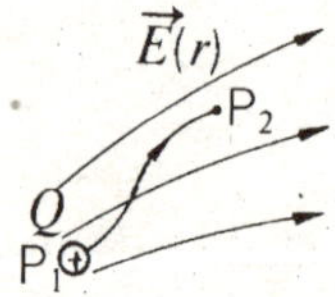

$\varphi_{e1} > \varphi_{e2} : U_{12} > 0$

$\varphi_{e1} < \varphi_{e2} : U_{12} < 0$

$\varphi_{e1} = \varphi_{e2} : U_{12} = 0$

Zusammenhang zwischen Spannung U_{12} und Feldstärke E im homogenen elektrischen Feld

$$E = \frac{U_{12}}{s_{12}} \qquad E = \frac{U}{d}$$

E	elektrische Feldstärke	$\frac{V}{m}$
U_{12}	Spannung	V
s_{12}	Ortsänderung	m
U	Spannung zwischen den Kondensatorplatten	V
d	Plattenabstand	m

$$1\,\frac{V}{m} = 1\,\frac{N}{C}$$

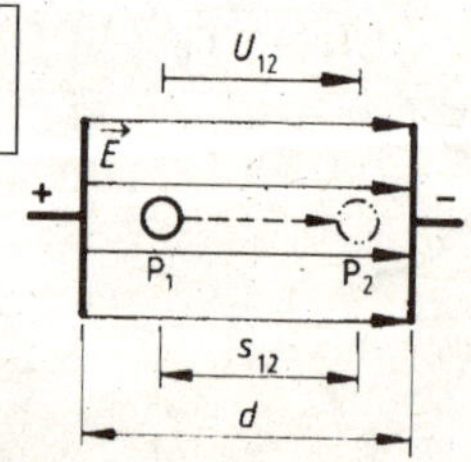

3.2.7 Elektrische Flächenladungsdichte und elektrische Flussdichte im homogenen elektrischen Feld. Definition der elektrischen Flächenladungsdichte

$$\sigma = \frac{Q}{A}$$

σ	elektrische Flächenladungsdichte, Ladungsbedeckung	$\frac{C}{m^2}$
Q	Ladung, gleichmäßig auf der (Ober-)Fläche A eines Leiters verteilt	C
A	(Ober-)Fläche des geladenen Leiters	m^2

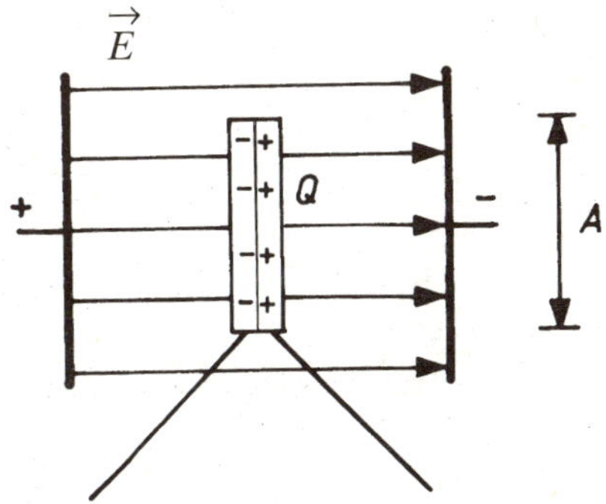

Zusammenhang zwischen Flächenladungsdichte σ und Feldstärke E im Vakuum

$$\sigma = \epsilon_0 E$$

σ	elektrische Flächenladungsdichte	$\frac{C}{m^2}$
ϵ_0	elektrische Feldkonstante	$\frac{As}{Vm}$
E	elektrische Feldstärke	$\frac{V}{m}$

Definition der elektrischen Flussdichte, Grundgleichung des elektrischen Feldes in einem (isotropen) Dielektrikum

$$\vec{D} = \epsilon_0 \epsilon_r \vec{E}$$

$\vec{D}$	Vektor der elektrischen Flussdichte, der elektrischen Verschiebungsdichte	$\frac{C}{m^2}$
ϵ_0	elektrische Feldkonstante	$\frac{As}{Vm}$
ϵ_r	Dielektrizitätszahl	1
$\vec{E}$	Vektor der elektrischen Feldstärke	$\frac{V}{m}$

Durch ein homogenes elektrisches Feld wird auf einer Fläche A parallel zu den geladenen Kondensatorplatten die maximale Flächenladungsdichte σ_{max} influenziert. Es ist $|\vec{D}| = D = \sigma_{max}$ und

$D = \epsilon_0 \epsilon_r E$ (auch im inhomogenen elektrischen Feld gültig)

3.2.8 Definition der Kapazität C eines Kondensators

$$C = \frac{Q}{U}$$

C	Kapazität	F
Q	Ladung	C
U	Spannung	V

F: Farad

$$1\ \mathrm{F} = 1\ \frac{\mathrm{As}}{\mathrm{V}}$$

3.2.9 Kapazität eines Plattenkondensators

$$C = \epsilon_0\ \epsilon_r\ \frac{A}{d}$$

C	Kapazität	F
A	Fläche einer Platte	m^2
d	Plattenabstand	m
ϵ_0	elektrische Feldkonstante	$\frac{\mathrm{As}}{\mathrm{Vm}}$
ϵ_r	Dielektrizitätszahl	1

Im Vakuum gilt: $\epsilon_r = 1$

Tabelle der Dielektrizitätszahlen: S. 114

Parallelschaltung von Kondensatoren

$$C = C_1 + C_2 + \ldots + C_n$$

$$Q = Q_1 + Q_2 + \ldots + Q_n$$

C	Kapazität	F
$C_1, \ldots, C_n$	Teilkapazitäten	F

Q	Gesamtladung	C
$Q_1, \ldots, Q_n$	Teilladungen	C

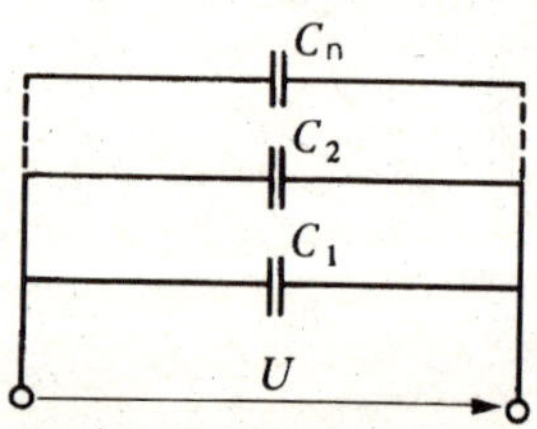

An den Teilkapazitäten liegt die gleiche Spannung U.

Reihenschaltung von Kondensatoren

$$\frac{1}{C} = \frac{1}{C_1} + \frac{1}{C_2} + \ldots + \frac{1}{C_n}$$

$$U = U_1 + U_2 + \ldots + U_n$$

C	Kapazität	F
$C_1, \ldots, C_n$	Teilkapazitäten	F
U	Gesamtspannung	V
$U_1, \ldots, U_n$	Teilspannungen	V

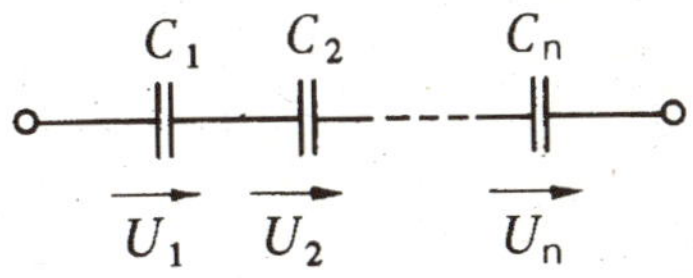

Die Teilkapazitäten tragen die gleiche Ladung Q.

3.2.10 Elektrische Energie im Feld eines geladenen Kondensators

$$E_{el} = \frac{1}{2} C U^2$$

E_{el}	elektrische Energie	J
C	Kapazität	F
U	Spannung	V

1 J = 1 Ws

3.2.11 Kraft der Platten eines geladenen Kondensators aufeinander

$$F = \frac{1}{2} \epsilon_0 \epsilon_r \frac{U^2}{d^2} A$$

F	Kraft	N
U	Spannung	V
d	Plattenabstand	m
A	Plattenfläche	m^2
ϵ_0	elektrische Feldkonstante	$\frac{As}{Vm}$
ϵ_r	Dielektrizitätszahl	1

Im Vakuum gilt: $\epsilon_r = 1$

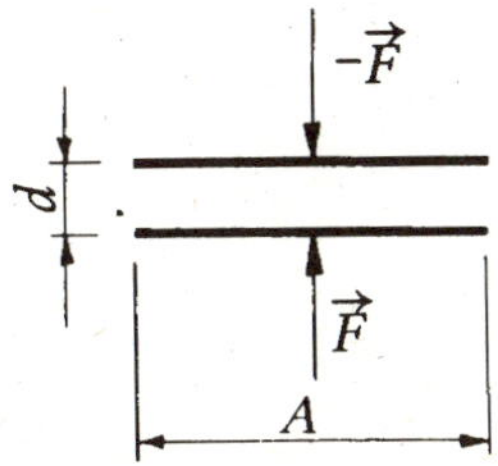

3.2.12 Geladene Teilchen im homogenen elektrischen Feld

Kraft $\vec{F}_{el}$ auf eine Punktladung Q

$$\vec{F}_{el} = Q\,\vec{E}$$

$\vec{F}_{el}$	elektrischer Feldkraftvektor	N
Q	Punktladung	C
$\vec{E}$	elektrischer Feldstärkevektor	$\frac{V}{m}$

Definition der spezifischen Ladung

$$\text{spezifische Ladung} = \frac{Q}{m}$$

Q	Ladung	C
m	Masse	kg

Geschwindigkeit einer Punktladung Q nach Durchlaufen der Spannung U falls $v \ll c_0$

$$v = \sqrt{2\left|\frac{Q}{m_0}\right| U}$$

v	Geschwindigkeit	$\frac{m}{s}$
Q	Ladung	C
m_0	Ruhemasse	kg
U	Spannung	V

c_0: Lichtgeschwindigkeit im Vakuum

3.3 Magnetisches Feld und Induktion

3.3.1 Definition der magnetischen Flussdichte B

$$B = \frac{F}{I\,l}$$

B	magnetische Flussdichte	T
F	Kraft	N
I	Leiterstromstärke	A
l	Leiterlänge	m

T: Tesla

$$1\ \text{T} = 1\,\frac{\text{N}}{\text{Am}}$$

Ein senkrecht zu den magnetischen Feldlinien der Flussdichte $\vec{B}$ verlaufender und vom Strom der Stärke I durchflossener gerader Leiter $\vec{l}$ erfährt die Kraft $\vec{F}$.

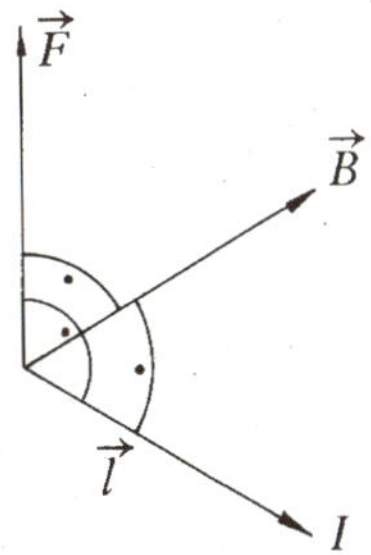

Kraft auf einen stromdurchflossenen geraden Leiter im homogenen Magnetfeld

$$F = I\,l\,B\,\sin\varphi$$

F	Kraft	N
I	Leiterstromstärke	A
l	Leiterlänge	m
B	magnetische Flussdichte	T
φ	Winkel	1

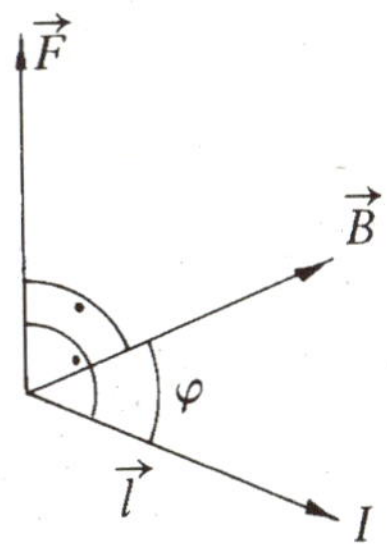

$\vec{F}$: Kraftvektor

I: Stromstärke; Strom in technischer Stromrichtung

$\vec{l}$: Vektor, der in technische Stromrichtung zeigt und dessen Betrag $|\vec{l}|$ gleich der Leiterlänge l ist.

$\vec{B}$: Vektor der magnetischen Flussdichte

$$\vec{F} = I\,(\vec{l} \times \vec{B})$$

3.3.2 Definition des magnetischen Flusses ϕ

$$\phi = B\,A_0 \cos\varphi$$

ϕ	magnetischer Fluss	Wb
B	magnetische Flussdichte	T
A_0	Fläche	m^2
φ	Winkel	rad

Wb: Weber

$$1\ \text{Wb} = 1\ \text{Vs}$$

ϕ: Magnetischer Fluss

$\vec{B}$: Vektor der magnetischen Flussdichte

$\vec{A}_0$: Normalvektor zur Fläche A_0 vom Betrag A_0

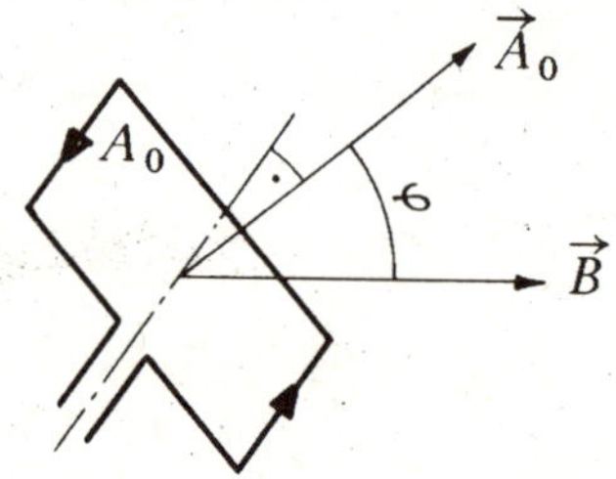

$$\phi = \vec{B}\,\vec{A}_0$$

3.3.3 Geladene Teilchen im homogenen magnetischen Feld

Lorentzkraft

$$F = Q\,v\,B$$

F	Lorentzkraft	N
Q	Ladung	C
v	Geschwindigkeit	$\frac{m}{s}$
B	magnetische Flussdichte	T

$\vec{F}$: Kraftvektor auf ein Teilchen mit der positiven Ladung Q

$\vec{v}$: Geschwindigkeitsvektor des Teilchens

$\vec{B}$: Vektor der magnetischen Flussdichte

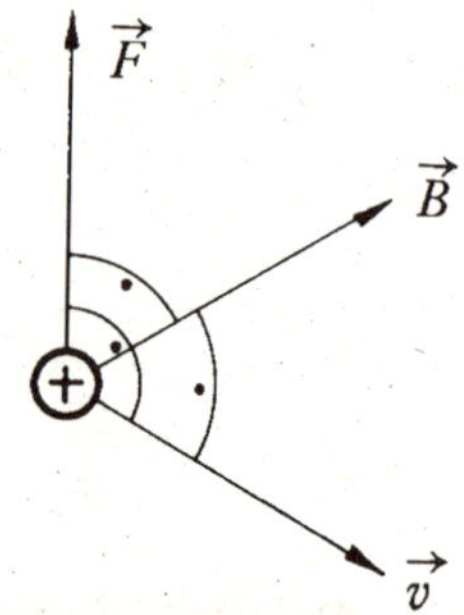

$$\vec{F} = Q\,(\vec{v} \times \vec{B})$$

Hallspannung

$$U_H = b\,v\,B$$

$$R_H = \frac{1}{ne}$$

$$U_H = R_H \frac{IB}{d}$$

U_H	Hallspannung	V
I	Quer-/Steuerstromstärke	A
B	magnetische Flussdichte	T
v	Driftgeschwindigkeit der Elektronen/Ladungsträger	$\frac{m}{s}$
d	Plattendicke	m
b	Plattenbreite	m
n	Ladungsträgerdichte	$\frac{1}{m^3}$
e	Elementarladung	C
R_H	Hallkonstante	$\frac{m^3}{C}$

$n = \frac{N}{V}$ Ladungsträgerdichte, Anzahl der Elektronen im Volumen V

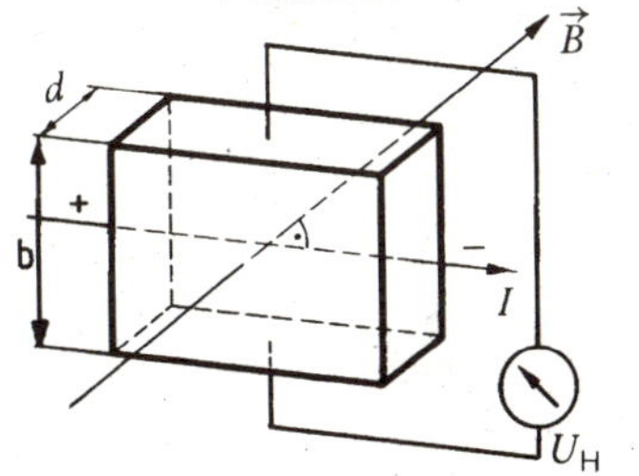

Stoff	R_H in $\frac{m^3}{C}$
Silber	$-8{,}9 \cdot 10^{-11}$
Indium-Arsenid	$-1{,}0 \cdot 10^{-4}$
Zink	$+1{,}0 \cdot 10^{-10}$
Wolfram	$+1{,}18 \cdot 10^{-10}$

3.3.4 Magnetische Flussdichte im Inneren einer lang gestreckten Spule

$$B = \mu_0\ \mu_r I \frac{N}{l}$$

B	magnetische Flussdichte	T
μ_0	magnetische Feldkonstante	$\frac{Vs}{Am}$
μ_r	Permeabilitätszahl	1
I	Spulenstromstärke	A
N	Windungszahl	–
l	Spulenlänge	m

Im Vakuum gilt: $\mu_r = 1$

Tabelle der Permeabilitätszahlen: S. 114

Magnetische Feldstärke im Inneren einer lang gestreckten Spule

$$H = \frac{B}{\mu_0 \, \mu_r}$$

H	magnetische Feldstärke	$\frac{\text{A}}{\text{m}}$
B	magnetische Flussdichte	T
μ_0	magnetische Feldkonstante	$\frac{\text{Vs}}{\text{Am}}$
μ_r	Permeabilitätszahl	1

Im Vakuum gilt: $\mu_r \doteq 1$

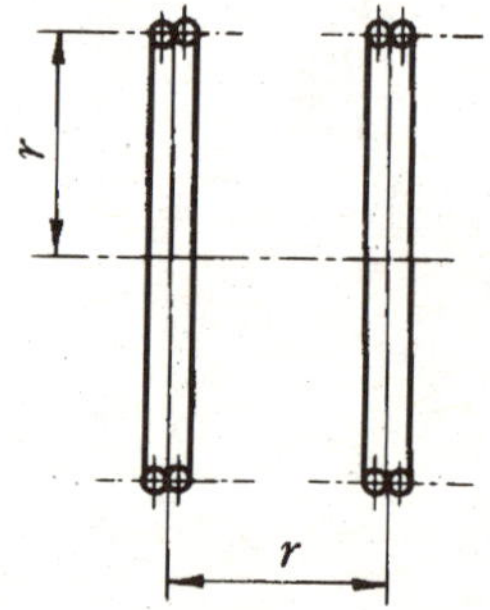

Magnetische Flussdichte im Inneren eines Spulenpaares nach Helmholtz

$$B = \left(\frac{4}{5}\right)^{1,5} \frac{\mu_0 \, N \, I}{r}$$

B	magnetische Flussdichte	T
μ_0	magnetische Feldkonstante	$\frac{\text{Vs}}{\text{Am}}$
N	Windungszahl einer Spule	–
I	Spulenstromstärke	A
r	mittlerer Spulenradius	m

3.3.5 Elektromagnetische Induktion

Mit konstanter Geschwindigkeit bewegter gerader Leiter im homogenen Magnetfeld

$$U_i = B \, l \, v$$

U_i	induzierte Spannung	V
B	magnetische Flussdichte	T
l	Leiterlänge	m
v	Geschwindigkeit des Leiters	$\frac{\text{m}}{\text{s}}$

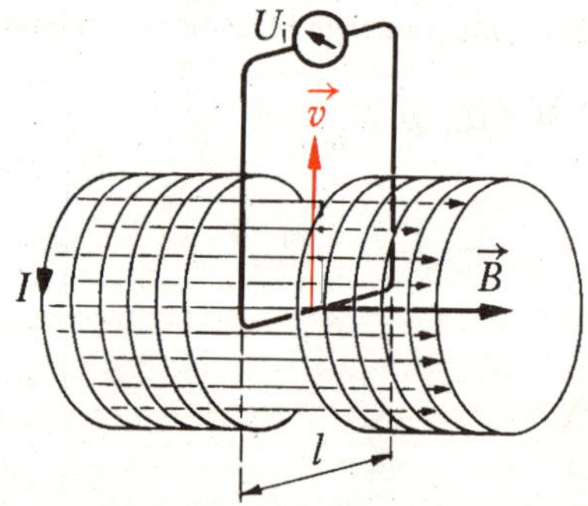

Induktionsgesetz in differentieller Form

$$U_i = -N \lim_{\Delta t \to 0} \frac{\Delta \phi}{\Delta t}$$

$$U_i = -N \dot{\phi}$$

U_i	induzierte Spannung	V
N	Windungszahl der Induktionsspule	–
ϕ	magnetischer Fluss	Wb
$\Delta\phi$	magnet. Flussänderung	Wb
t	Zeit	s
Δt	Zeitänderung	s

3.3.6 Sinusförmige Induktionsspannung, Wechselspannung

$$f = \frac{1}{T}$$

$$\omega = 2\pi f$$

$$\varphi = \omega t$$
$$\omega = \text{konstant}$$

f	Frequenz	Hz
T	Periodendauer	s
ω	Winkelgeschwindigkeit, Kreisfrequenz	$\frac{1}{s}$
φ	Drehwinkel	rad
t	Zeit	s

H: Hertz

$1\ \text{Hz} = 1\ \text{s}^{-1}$

Magnetischer Fluss durch eine rotierende Leiterschleife

$$\phi(t) = \hat{\phi} \cos \omega t$$

$$\hat{\phi} = B A_0$$

$\phi(t)$	Momentanwert des magnetischen Flusses	Wb
$\hat{\phi}$	Scheitelwert des magnetischen Flusses	Wb
ω	Winkelgeschwindigkeit	$\frac{1}{s}$
t	Zeit	s
B	magnetische Flussdichte	T
A_0	rotierende Fläche	m^2

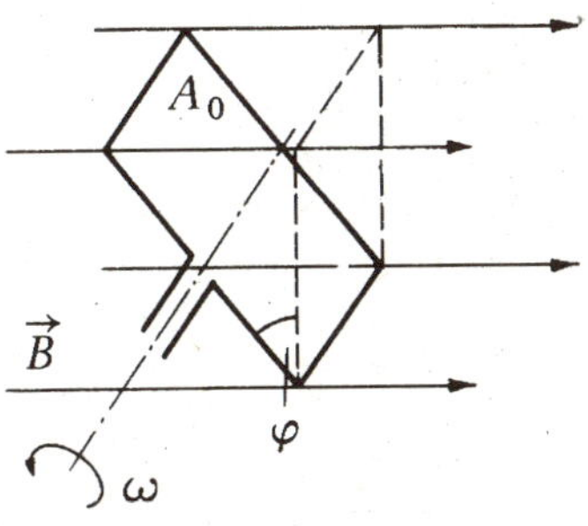

Induzierte Spannung an den Enden einer rotierenden Leiterschleife

$$U(t) = \hat{U} \sin \omega t$$

$U(t)$	Momentanwert der Wechselspannung, Sinusspannung	V
$\hat{U}$	Scheitelwert der Wechselspannung	V
ω	Winkelgeschwindigkeit	$\frac{1}{s}$
t	Zeit	s

$$\hat{U} = \omega \hat{\Phi}$$

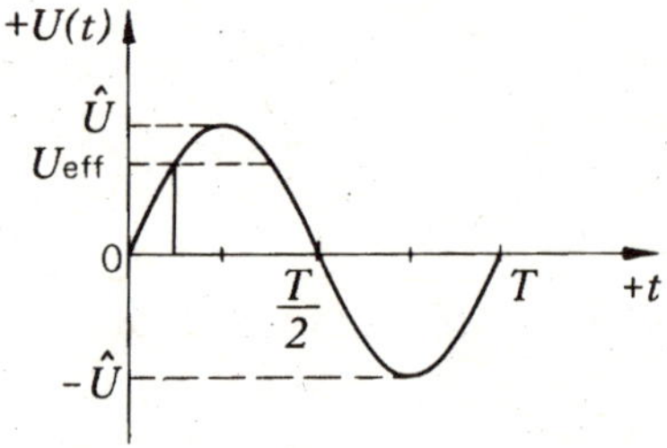

Effektivspannung

$$U_{eff} = \frac{\hat{U}}{\sqrt{2}}$$

U_{eff}	Effektivspannung	V
$\hat{U}$	Scheitelwert der Wechselspannung	V

3.3.7 Induktion durch das leitereigene Magnetfeld, Selbstinduktion

Selbstinduktionsspannung U_i in einem Leiter

$$U_i = -L \lim_{\Delta t \to 0} \frac{\Delta I}{\Delta t}$$

$$U_i = -L \dot{I}$$

U_i	Selbstinduktions-spannung	V
L	Induktivität	H
I	Leiterstrom	A
t	Zeit	s

$$1\ \text{H} = 1\ \frac{\text{Vs}}{\text{A}}$$

Induktivität einer lang gestreckten Spule

$$L = \mu_0\, \mu_r\, N^2 \frac{A}{l}$$

L	Induktivität	H
μ_0	magnetische Feldkonstante	$\frac{\text{Vs}}{\text{Am}}$
μ_r	Permeabilitätszahl	1
N	Windungszahl	–
A	Spulenquerschnitt	m^2
l	Spulenlänge	m

Im Vakuum gilt: $\mu_r = 1$

Reihenschaltung von Spulen

$$L = L_1 + L_2 + \ldots + L_n$$

L	Gesamtinduktivität	H
$L_1, \ldots, L_n$	Teilinduktivitäten	H

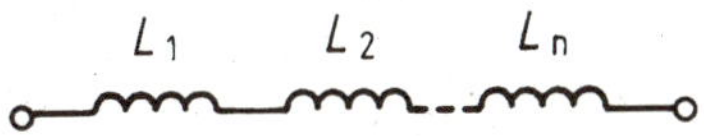

Parallelschaltung von Spulen

$$\frac{1}{L} = \frac{1}{L_1} + \frac{1}{L_2} + \ldots + \frac{1}{L_n}$$

L	Gesamtinduktivität	H
$L_1, \ldots, L_n$	Teilinduktivitäten	H

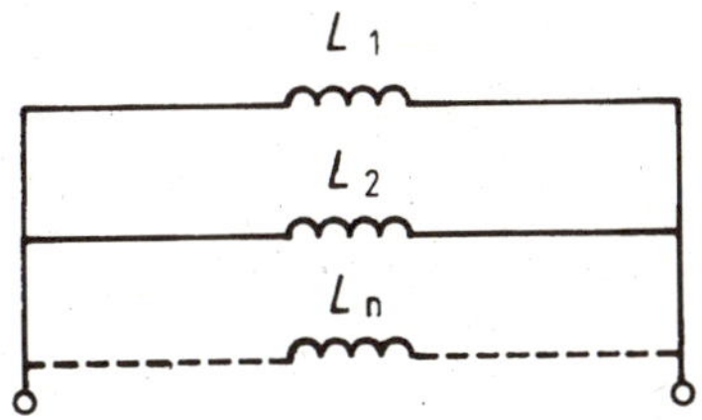

3.3.8 Energieinhalt einer lang gestreckten stromdurchflossenen Spule

$$E_m = \frac{1}{2} L\, I^2$$

E_m	magnetische Energie	J
L	Induktivität	H
I	Spulenstrom	A

4. Schwingungen und Wellen

4.1 Lineare harmonische Schwingung

4.1.1 Kinematische Grundbegriffe

$$f = \frac{n}{t}$$

$$\omega = 2\,\pi\,f$$

$$T = \frac{1}{f}$$

$$\varphi = \omega\,t$$

f	Frequenz	$\frac{1}{s}$
n	Periodenzahl	–
t	Zeit	s
ω	Kreisfrequenz, Winkelgeschwindigkeit	$\frac{1}{s}$
T	Periodendauer	s
φ	Drehwinkel	rad

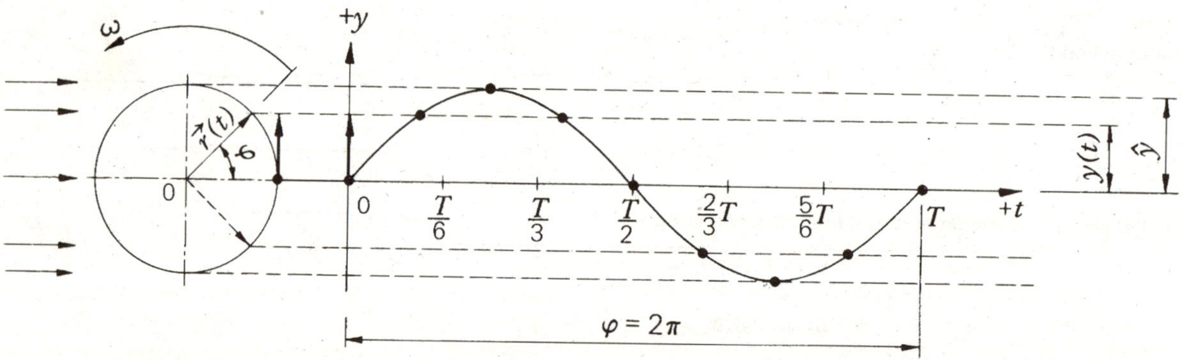

4.1.2 Lineares Kraftgesetz der ungedämpften harmonischen Schwingung

$F = -D\,y$
$D = \text{konstant}$

F	Rückstellkraft	N
y	momentane Auslenkung, Elongation	m
D	Richtgröße	$\frac{\text{N}}{\text{m}}$

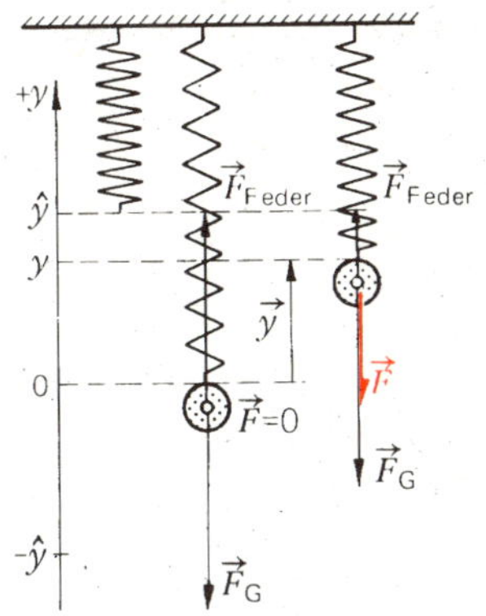

Der im Zeitpunkt $t_0 = 0$ auftretende Phasenwinkel heißt Nullphasenwinkel.

4.1.3 Bewegungsgleichung der harmonischen Schwingung

$$y(t) = \hat{y}\,\sin\,(\omega\,t + \varphi_0)$$

$y\,(t)$	momentane Auslenkung	m
$\hat{y}$	Amplitude, Scheitelwert	m
ω	Kreisfrequenz	$\frac{1}{\text{s}}$
t	Zeit	s
φ_0	Nullphasenwinkel	rad

4.1.4 Periodendauer der harmonischen Schwingung

$$T = 2\,\pi\sqrt{\frac{m}{D}}$$

T	Periodendauer	s
m	Masse des Schwingers	kg
D	Richtgröße	$\frac{\text{N}}{\text{m}}$

4.1.5 Energieerhaltungssatz der harmonischen Schwingung

$E = E_p + E_k$
$E = \text{konstant}$

E	Gesamtenergie des Schwingers	J
E_p	potentielle Energie	J
E_k	kinetische Energie	J

4.1.6 Lineare Überlagerung zweier harmonischer Schwingungen mit gleicher Frequenz und gleicher Amplitude

Resultierende Schwingung $y_{rsl}(t)$ mittels Zeigerdiagramm

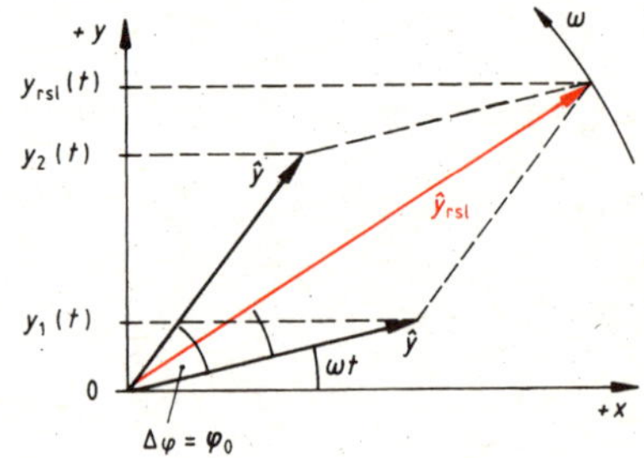

1. Schwingung: $y_1(t) = \hat{y} \sin \omega t$
2. Schwingung: $y_2(t) = \hat{y} \sin(\omega t + \varphi_0)$

$$\hat{y}_{rsl} = 2\,\hat{y} \cos \frac{\Delta\varphi}{2}$$

$\hat{y}_{rsl}$	resultierende Amplitude	m
$\hat{y}$	Amplitude der Einzelschwingung	m
$\Delta\varphi$	Phasenverschiebungswinkel	rad

Die Differenz $\Delta\varphi$ der Nullphasenwinkel bei zwei harmonischen Schwingungen gleicher Frequenz heißt Phasenverschiebungswinkel

4.2 Mechanische Wellen mit linearem Kraftgesetz

4.2.1 Kinematische Grundbegriffe

$$f = \frac{n}{t}$$

$$\omega = 2\pi f$$

$$T = \frac{1}{f}$$

f	Frequenz	$\frac{1}{s}$
n	Periodenzahl	–
t	Zeit	s
ω	Kreisfrequenz	$\frac{1}{s}$
T	Periodendauer	s

4.2.2 Ausbreitungsgeschwindigkeit der fortschreitenden Welle

$c = \lambda f$

$c =$ konstant

c	Ausbreitungs- bzw. Phasengeschwindigkeit	$\frac{m}{s}$
λ	Wellenlänge	m
f	Frequenz	$\frac{1}{s}$

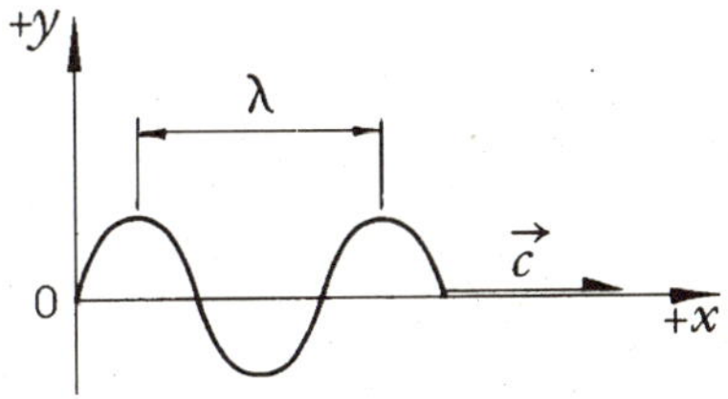

4.2.3 Wellengleichung der linearen ungedämpften Welle

$$y\,(t;x) = \hat{y}\,\sin 2\pi\left(\frac{t}{T} - \frac{x}{\lambda}\right)$$

$y\,(t;x)$	momentane Auslenkung eines Teilchens des linearenTrägers zur Zeit t an der Stelle x	m
$\hat{y}$	Amplitude	m
t	Zeit	s
T	Periodendauer	s
x	Ort, Stelle	m
λ	Wellenlänge	m

Zur Zeit $t_0 = 0$ bewegt sich das Teilchen an der Stelle $x_0 = 0$ durch die Ruhelage in die positive y-Richtung; die Welle schreitet in der positiven x-Richtung fort.

4.2.4 Interferenz zweier Kreiswellensysteme, die von gleichphasig schwingenden Punkterregern ausgehen

Bedingung für ein Maximum in P

$$|\Delta s_k| = 2k\frac{\lambda}{2}$$
$$k = 0, 1, 2, \ldots, n$$

$$g \sin \alpha_k = 2k\frac{\lambda}{2}$$
$$k = 0, 1, 2, \ldots, n$$

Δs_k	Gangunterschied	m
λ	Wellenlänge	m
g	Entfernung der Punkterreger (Spaltmitten)	m
α_k	Beugungswinkel	rad

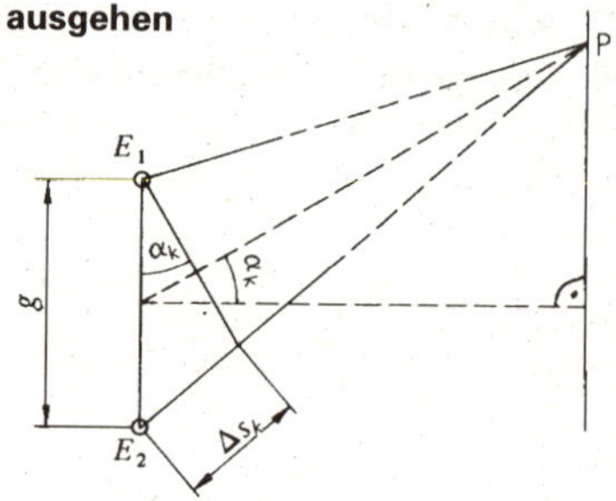

Für einen von den Erregern E_1 und E_2 weit entfernten Punkt P gilt:

$$\sin \alpha_k = \frac{\Delta s_k}{g}$$

Bedingung für ein Minimum in Q

$$|\Delta s_k| = (2k-1)\frac{\lambda}{2}$$
$$k = 1, 2, 3, \ldots, n$$

$$g \sin \beta_k = (2k-1)\frac{\lambda}{2}$$
$$k = 1, 2, 3, \ldots, n$$

Δs_k	Gangunterschied	m
λ	Wellenlänge	m
g	Entfernung der Punkterreger (Spaltmitten)	m
β_k	Beugungswinkel	rad

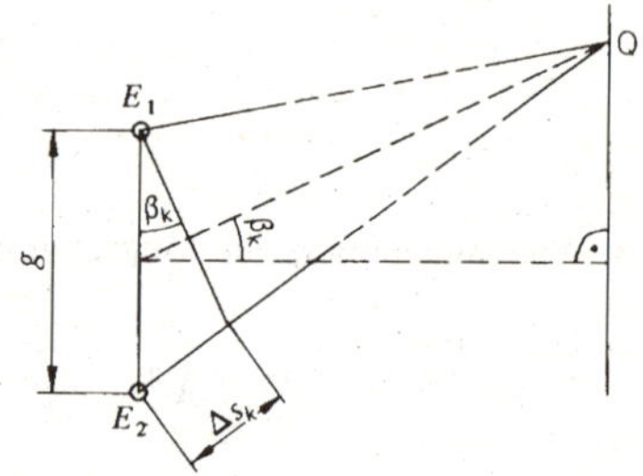

Für einen von den Erregern E_1 und E_2 weit entfernten Punkt Q gilt:

$$\sin \beta_k = \frac{\Delta s_k}{g}$$

4.2.5 Interferenz am Doppelspalt

α) Die beiden Öffnungen des Doppelspalts S_1 und S_2 wirken wie die zwei Punkterreger E_1 und E_2 aus 4.2.4. Deshalb beobachtet man rechts vom Doppelspalt gleiche Interferenzerscheinungen wie dort und es gelten die gleichen Interferenzbedingungen aus 4.2.4.

β) Interferenz am Doppelspalt mit den Interferenzbedingungen aus 4.2.4 findet man außer bei Kreiswellen auch bei Schallwellen, Lichtwellen und elektromagnetischen Wellen.

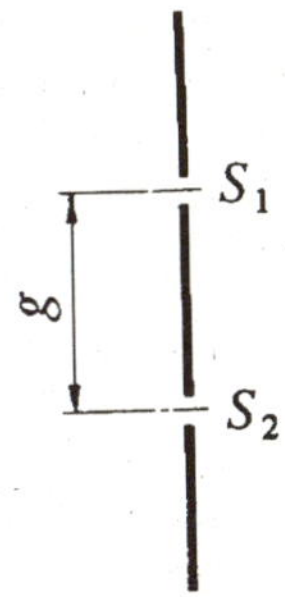

4.2.6 Optisches Gitter, Beugungsgitter
Bedingung für Hauptmaxima

$$\Delta s_k = g \sin \alpha_k = 2k\frac{\lambda}{2}$$

$$k = 0, 1, 2, \ldots, n$$

Δs_k	Gangunterschied	m
λ	Wellenlänge	m
g	Gitterkonstante	m
α_k	Beugungswinkel	rad

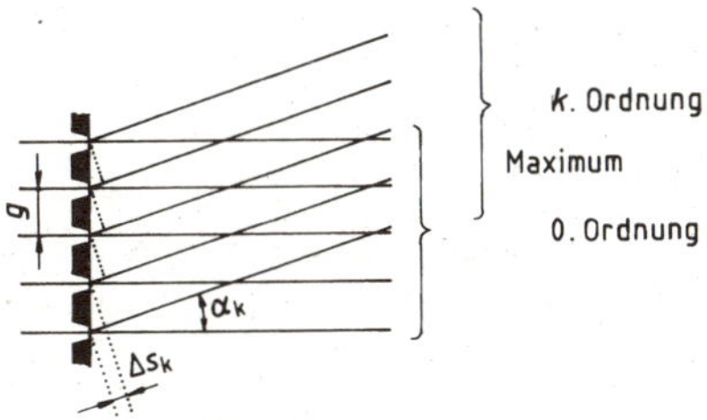

4.2.7 Lineare stehende Wellen
Wellengleichung der stehenden Längs- und Querwelle

$$y(t;x) = 2\hat{y}\cos\left(2\pi\frac{x}{\lambda}\right)\sin(\omega t)$$

$y(t;x)$	momentane Auslenkung der resultierenden stehenden Welle zur Zeit t am Ort x	m
$\hat{y}$	(gleiche) Amplitude zweier auf einem linearen Träger einander entgegen laufender, gleichfrequenter Wellen	m
x	Ort, Stelle	m
λ	Wellenlänge	m
ω	Kreisfrequenz	$\frac{1}{s}$
t	Zeit	s

Entfernung der Wellenknoten und Wellenbäuche bei mechanischen und elektromagnetischen stehenden Wellen

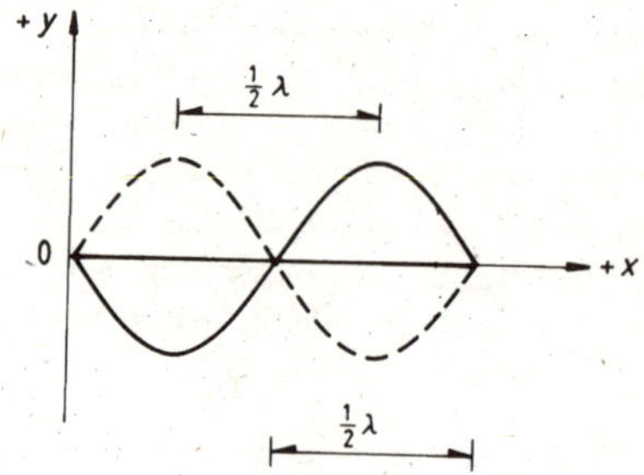

$$\Delta x = \frac{1}{2}\lambda$$

Δx	Entfernung zwischen zwei unmittelbar benachbarten Knoten oder Bäuchen	m
λ	Wellenlänge	m

Grund- und Oberschwingung bei beidseitig festem oder beidseitig freiem Ende eines linearen Wellenträgers der Länge l oder einem elektrischen Dipol der Länge l.

$$f_k = \frac{1}{2}(k+1)\frac{c}{l}$$
$$k = 0, 1, 2, \ldots, n$$

f_k	Frequenz der k. Oberschwingung	$\frac{1}{s}$
c	Ausbreitungsgeschwindigkeit der zugehörigen fortschreitenden Welle	$\frac{m}{s}$
l	Länge des linearen Wellenträgers oder Dipols	m

Grund- und Oberschwingung bei einseitig festem Ende eines linearen Wellenträgers der Länge l

$$f_k = \frac{1}{4}(2k+1)\frac{c}{l}$$
$$k = 0, 1, 2, \ldots, n$$

f_k	Frequenz der k. Oberschwingung	$\frac{1}{s}$
c	Ausbreitungsgeschwindigkeit der zugehörigen fortschreitenden Welle	$\frac{m}{s}$
l	Länge des linearen Wellträgers oder Dipols	m

4.2.8 Akustischer Doppler-Effekt

Relativbewegung des Empfängers E zum ruhenden Sender S

$$f_E = f_S \left(1 \pm \frac{v_E}{c}\right)$$

f_E	vom Empfänger aufgenommene Frequenz	$\frac{1}{s}$
f_S	vom Sender abgestrahlte Frequenz	$\frac{1}{s}$
v_E	Geschwindigkeit des Empfängers	$\frac{m}{s}$
c	Ausbreitungsgeschwindigkeit, Schallgeschwindigkeit	$\frac{m}{s}$

Annäherung: +
Entfernung: –

Relativbewegung des Senders S zum ruhenden Empfänger E

$$f_E = \frac{f_S}{1 \mp \frac{v_S}{c}}$$

f_E	vom Empfänger aufgenommene Frequenz	$\frac{1}{s}$
f_S	vom Sender abgestrahlte Frequenz	$\frac{1}{s}$
v_S	Geschwindigkeit des Senders	$\frac{m}{s}$
c	Ausbreitungsgeschwindigkeit, Schallgeschwindigkeit	$\frac{m}{s}$

Annäherung: –
Entfernung: +

4.3 Elektromagnetische Schwingungen

4.3.1 Einfache elektrische Schaltelemente im Wechselstromkreis

Wechselspannung (siehe 3.3.6)

$$U(t) = \hat{U} \sin \omega t$$

$U(t)$	Momentanwert der Wechselspannung, Sinusspannung	V
$\hat{U}$	Scheitelwert	V
ω	Kreisfrequenz	$\frac{1}{s}$
t	Zeit	s

Wechselstromkreis mit Wirkwiderstand R

$$I(t) = \hat{I}_R \sin \omega t$$

$I(t)$	Momentanwert des Wechselstroms, des Sinusstroms durch R	A
$\hat{I}_R$	Scheitelwert	A
ω	Kreisfrequenz	$\frac{1}{s}$
t	Zeit	s

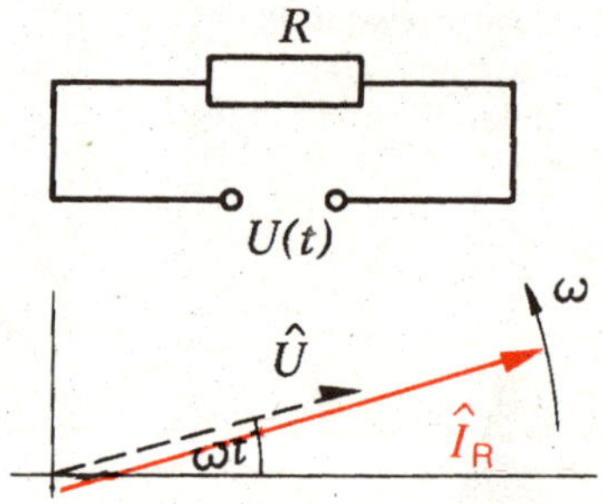

$$R = \frac{\hat{U}}{\hat{I}_R}$$

R	Wirkwiderstand	Ω
$\hat{U}$	Scheitelwert der Wechselspannung	V
$\hat{I}_R$	Scheitelwert der Stromstärke durch R	A

Effektivstromstärke

$$I_{eff} = \frac{\hat{I}}{\sqrt{2}}$$

I_{eff}	Effektivstromstärke	A
$\hat{I}$	Scheitelwert der Wechselstroms	A

Wechselstromkreis mit Spule der Induktivität L

$$I(t) = \hat{I}_L \sin\left(\omega t - \frac{\pi}{2}\right)$$

$I(t)$	Momentanwert des Wechselstromes durch die Spule	A
$\hat{I}_L$	Scheitelwert	A
ω	Kreisfrequenz	$\frac{1}{s}$
t	Zeit	s

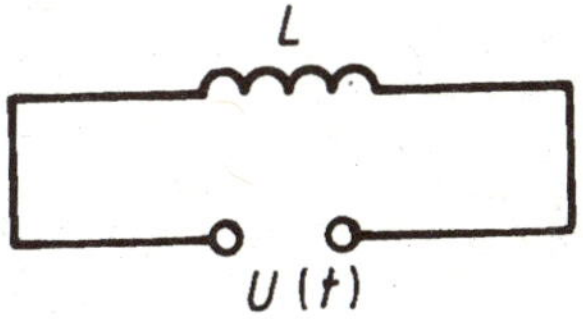

$$X_L = \frac{\hat{U}}{\hat{I}_L}$$

$$X_L = \omega L$$

X_L	induktiver Widerstand	Ω
$\hat{U}$	Scheitelwert der Wechselspannung	V
$\hat{I}_L$	Scheitelwert der Stromstärke durch die Spule	A
ω	Kreisfrequenz	$\frac{1}{s}$
L	Induktivität	H

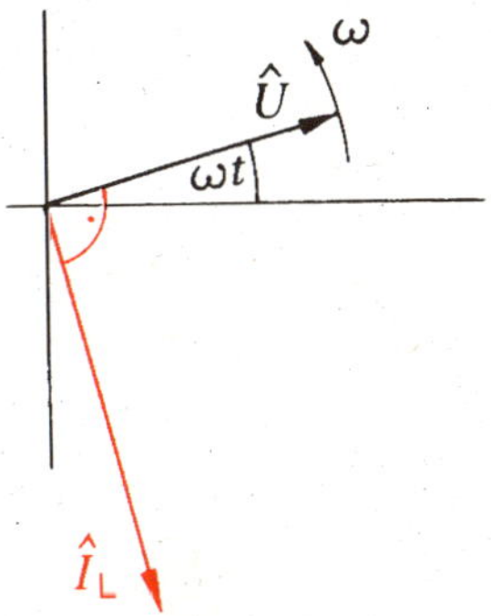

Wechselstromkreis mit Kondensator der Kapazität C

$$I(t) = \hat{I}_C \sin\left(\omega t + \frac{\pi}{2}\right)$$

$I(t)$	Momentanwert des Wechselstromes durch den Kondensator	A
$\hat{I}_C$	Scheitelwert	A
ω	Kreisfrequenz	$\frac{1}{s}$
t	Zeit	s

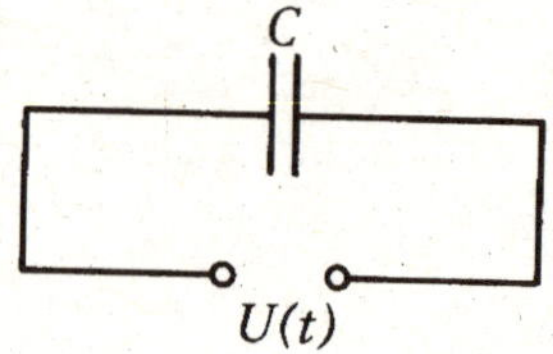

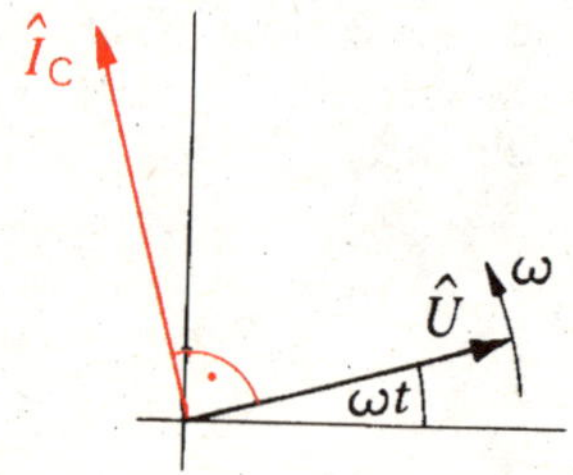

$$X_C = \frac{\hat{U}}{\hat{I}_C}$$

$$X_C = \frac{1}{\omega C}$$

X_C	kapazitiver Widerstand	Ω
$\hat{U}$	Scheitelwert der Wechselspannung	V
$\hat{I}_C$	Scheitelwert der Stromstärke durch Kondensator	A
ω	Kreisfrequenz	$\frac{1}{s}$
C	Kapazität	F

4.3.2 Wechselstromkreis mit Wirkwiderstand R, Spule L und Kondensator C: RLC-Kreis

Reihenschaltung von R, L und C

$$Z = \sqrt{R^2 + (X_L - X_C)^2}$$

Z	Scheinwiderstand, Impedanz, gesamter Wechselstromwiderstand	Ω
R	Wirkwiderstand	Ω
X_L	induktiver Widerstand	Ω
X_C	kapazitiver Widerstand	Ω

Gesamtblindwiderstand, Reaktanz:

$$X_L - X_C$$

$$\tan \varphi = \frac{X_L - X_C}{R}$$

φ	Phasenverschiebungswinkel, Phasendifferenz	rad
X_L	induktiver Widerstand	Ω
X_C	kapazitiver Widerstand	Ω
R	Wirkwiderstand	Ω

Zwischen Spannung $U(t)$ und Stromstärke $I(t)$ besteht eine Phasenverschiebung φ. Sie ist im Zeigerdiagramm der Widerstände der Winkel zwischen Wirk- und Scheinwiderstand:

$$U_{eff} = Z \cdot I_{eff}$$

U_{eff}	Effektivwert der Gesamtspannung	V
Z	Scheinwiderstand	Ω
I_{eff}	Effektivwert der Gesamtstromstärke	A

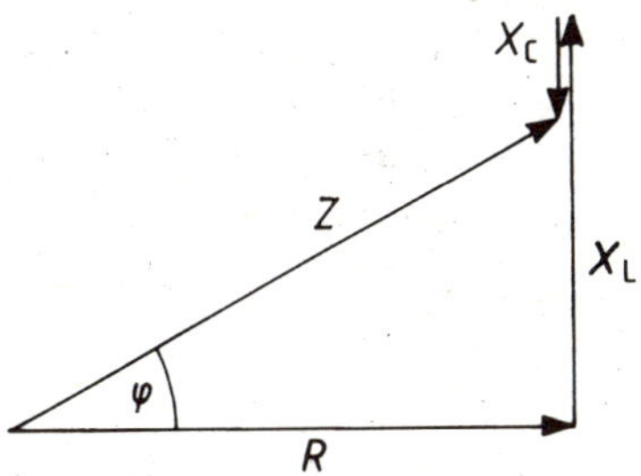

Parallelschaltung von R, L und C

$$\frac{1}{Z} = \sqrt{\left(\frac{1}{R}\right)^2 + \left(\frac{1}{X_C} - \frac{1}{X_L}\right)^2}$$

Z	Scheinwiderstand	Ω
R	Wirkwiderstand	Ω
X_L	induktiver Widerstand	Ω
X_C	kapazitiver Widerstand	Ω

Zwischen Spannung $U(t)$ und Stromstärke $I(t)$ besteht eine Phasenverschiebung φ. Sie ist im Zeigerdiagramm der Winkel zwischen reziprokem Wirk- und Scheinwiderstand:

$$\tan \varphi = R\left(\frac{1}{X_C} - \frac{1}{X_L}\right)$$

φ	Phasenverschiebungswinkel, Phasendifferenz	rad
R	Wirkwiderstand	Ω
X_L	induktiver Widerstand	Ω
X_C	kapazitiver Widerstand	Ω

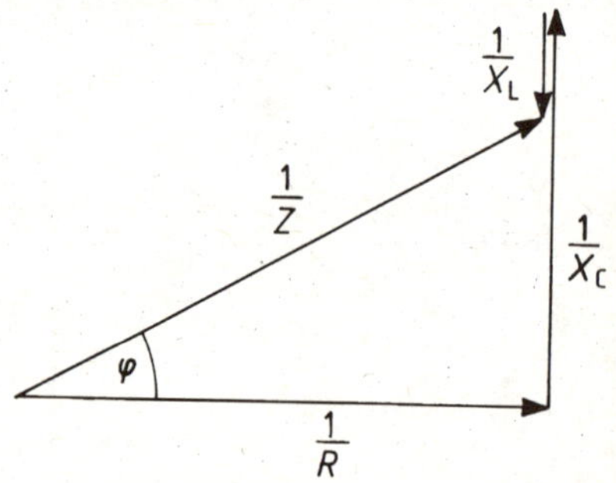

Leistung im Wechselstrom

$$P = U_{eff}\, I_{eff} \cos \varphi$$

P	Wirkleistung an einem Wechselstromwiderstand	W
U_{eff}	Effektivspannung	V
I_{eff}	Effektivstromstärke	A
φ	Phasenverschiebungswinkel	rad

Leistungs-, Wirkfaktor:

$$0 \leq \cos \varphi \leq 1$$

$$Q = U_{eff}\, I_{eff} \sin \varphi$$

Q	Blindleistung an einem Wechselstromwiderstand	W
U_{eff}	Effektivspannung	V
I_{eff}	Effektivstromstärke	A
φ	Phasenverschiebungs-winkel	rad

$$S = U_{eff}\, I_{eff} = \sqrt{P^2 + Q^2}$$

S	Scheinleistung an einem Wechselstromwiderstand	W
U_{eff}	Effektivspannung	V
I_{eff}	Effektivstromstärke	A
P	Wirkleistung	W
Q	Blindleistung	W

4.3.3 Geschlossener elektromagnetischer Schwingkreis

Differentialgleichung der ungedämpften elektromagnetischen Schwingung

$$L\, \ddot{Q}(t) + \frac{1}{C} Q(t) = 0$$

$Q(t)$	momentane Ladung des Kondensators	C
L	Induktivität	H
C	Kapazität	F

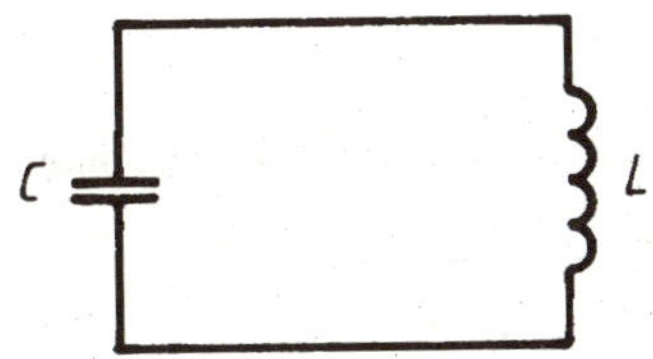

Ladungsgleichung der elektromagnetischen Schwingung

$$Q(t) = \hat{Q} \sin(\omega_0 t + \varphi_0)$$

$Q(t)$	momentane Ladung des Kondensators	C
$\hat{Q}$	Scheitelwert der Ladung	C
ω_0	Eigenkreisfrequenz	$\frac{1}{s}$
t	Zeit	s
φ_0	Nullphasenwinkel	rad

Der im Zeitpunkt $t_0 = 0$ auftretende Phasenwinkel heißt Nullphasenwinkel

Thomsonsche Gleichung für ungedämpfte elektromagnetische Schwingungen

$$f_0 = \frac{1}{2\pi\sqrt{LC}}$$

$$\omega_0 = \frac{1}{\sqrt{LC}}$$

f_0	Eigenkreisfrequenz des elektro magnetischen Schwingkreises	$\frac{1}{s}$
L	Induktivität	H
C	Kapazität	F
ω_0	Eigenkreisfrequenz	$\frac{1}{s}$

Energieerhaltungssatz bei elektromagnetischen Schwingungen

$$E = E_m + E_{el}$$
$$E = \text{konstant}$$

E	Gesamtenergie des elektromagnetischen Schwingkreises	J
E_m	magnetische Energie	J
E_{el}	elektrische Energie	J

4.4 Elektromagnetische Wellen

4.4.1 Grundlagen siehe Abschnitt 4.2: Mechanische Wellen

4.4.2 Freie elektromagnetische Wellen mit ebener Wellenfront im Vakuum

Momentanwert der elektrischen Feldstärke E und der magnetischen Flussdichte B

$$E(t;x) = \hat{E} \sin 2\pi \left(\frac{t}{T} - \frac{x}{\lambda}\right)$$

$$B(t;x) = \hat{B} \sin 2\pi \left(\frac{t}{T} - \frac{x}{\lambda}\right)$$

$E(t;x)$	Momentanwert der elektrischen Feldstärke E	$\frac{\text{V}}{\text{m}}$
$\hat{E}$	Scheitelwert	$\frac{\text{V}}{\text{m}}$
$B(t;x)$	Momentanwert der magnetischen Flussdichte B	T
$\hat{B}$	Scheitelwert	T
t	Zeit	s
T	Periodendauer	s
x	Ort, Stelle	m
λ	Wellenlänge	m

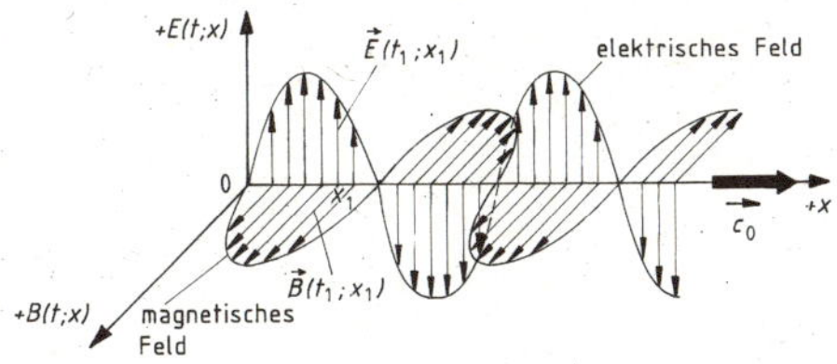

Das elektrische und das magnetische Feld breiten sich als ebene Wellen in der positiven x-Richtung gleichphasig aus. Die Vektoren $\vec{E}$, $\vec{B}$ und $\vec{c_0}$ bilden bei großem Abstand vom Sender ein Rechtssystem.

Ausbreitungsgeschwindigkeit

$$c_0 = \frac{1}{\sqrt{\epsilon_0 \mu_0}}$$

c_0	Lichtgeschwindigkeit im Vakuum	$\frac{\text{m}}{\text{s}}$
ϵ_0	elektrische Feldkonstante	$\frac{\text{F}}{\text{m}}$
μ_0	magnetische Feldkonstante	$\frac{\text{H}}{\text{m}}$

Zusammenhang zwischen der elektrischen Feldstärke E und der magnetischen Flussdichte B zu jedem Zeitpunkt t und für jeden Ort x der ebenen Wellenfront

$$E = c_0 B$$

E	Momentanwert der elektrischen Feldstärke E	$\frac{\text{V}}{\text{m}}$
c_0	Lichtgeschwindigkeit im Vakuum	$\frac{\text{m}}{\text{s}}$
B	Momentanwert der magnetischen Flussdichte B	T

4.4.3 Licht als elektromagnetische Welle

Zusammenhang zwischen Frequenz f, Wellenlänge λ und Ausbreitungsgeschwindigkeit c_o im Vakuum

$$c_o = \lambda f$$
$$c_o = \text{konstant}$$

c_o	Lichtgeschwindigkeit im Vakuum	$\frac{m}{s}$
λ	Wellenlänge	m
f	Frequenz	$\frac{1}{s}$

Polarisation durch Reflexion: brewstersches Gesetz

$$\tan \alpha_p = n$$

α_p	Polarisationswinkel; Einfallswinkel, bei dem reflektiertes Licht vollständig linear polarisiert ist	rad
n	Brechzahl	1

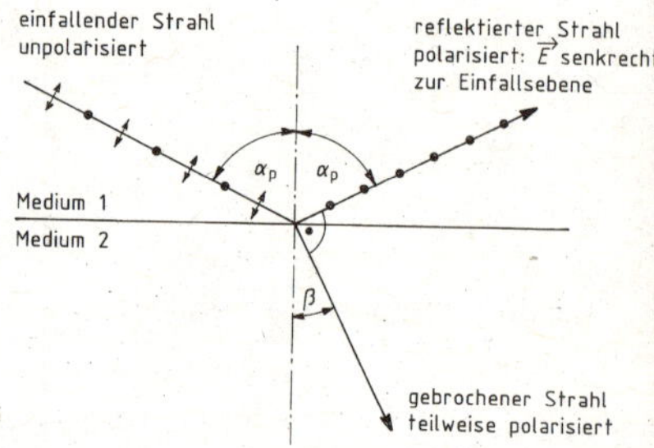

Frequenz des Lichtes beim Übergang vom Medium 1 zum Medium 2

$$f_1 = f_2$$

f_1, f_2	Frequenz des Lichtes	$\frac{1}{s}$

5. Spezielle Relativitätstheorie

5.1 Zeitdilatation

$$\Delta t = \Delta t_E \frac{1}{\sqrt{1-\left(\frac{v}{c_o}\right)^2}}$$

Δt	Zeitdilatation, Zeitdehnung im Inertialsystem S	s
Δt_E	Eigenzeit, Ruhezeit im Inertialsystem S'	s
v	konstante Geschwindigkeit des Inertialsystem S' relativ zum Inertialsystem S	$\frac{m}{s}$
c_o	Lichtgeschwindigkeit im Vakuum	$\frac{m}{s}$

Die Zeitdauer für einen Vorgang in einem Inertialsystem S' an einem festen Ort x'_1 heißt Eigenzeit Δt_E. Sie ist kleiner als die Zeitdauer Δt für den gleichen Vorgang zwischen verschiedenen Orten x_1, x_2 in einem anderen Inertialsystem S, wenn sich S' relativ zu S mit der Geschwindigkeit $\vec{v}$= konstant bewegt.

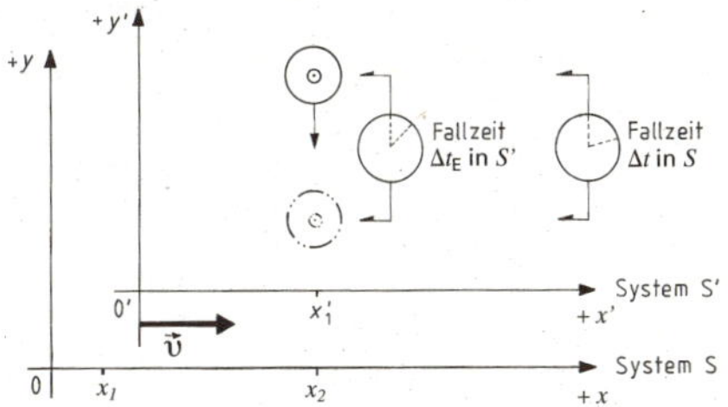

5.2 Längenkontraktion, Lorentz-Kontraktion

$$l = l_R \sqrt{1-\left(\frac{v}{c_o}\right)^2}$$

l	Länge eines Körpers im Inertialsystem S	m
l_R	Eigenlänge, Ruhelänge eines Körpers im Inertialsystem S'	m
v	konstante Geschwindigkeit des Inertialsystem S' relativ zum Inertialsystem S	$\frac{m}{s}$
c_o	Lichtgeschwindigkeit im Vakuum	$\frac{m}{s}$

Die Länge eines in einem Inertialsystem S' parallel zur x'-Achse ruhenden Körpers heißt Eigenlänge l_R. Die in einem anderen Inertialsystem S zu einem festen Zeitpunkt t gemessene Länge l des Körpers ist kleiner als l_R, wenn sich S' relativ zu S mit der Geschwindigkeit $\vec{v}$= konstant in Richtung der positiven x-Achse von S bewegt.

5.3 Optischer oder relativistischer Doppler-Effekt

$$f_E = f_S \sqrt{\frac{1 \pm \frac{v}{c_o}}{1 \mp \frac{v}{c_o}}}$$

f_E	vom Empfänger aufgenommene Frequenz	$\frac{1}{s}$
f_S	vom Sender abgestrahlte Frequenz	$\frac{1}{s}$
v	konstante Geschwindigkeit der Relativbewegung zwischen Sender und Empfänger	$\frac{m}{s}$
c_o	Lichtgeschwindigkeit im Vakuum	$\frac{m}{s}$

Bei elektromagnetischen Wellen hängt die vom Empfänger E aufgenommene Frequenz f_E nur vom Betrag v der konstanten Relativgeschwindigkeit $\vec{v}$ zwischen Sender S und Empfänger E ab.
Annäherung: oberes Vorzeichen
Entfernung: unteres Vorzeichen

5.4 Abhängigkeit der Masse von der konstanten Geschwindigkeit

Relativistische Masse

$$m = \frac{m_o}{\sqrt{1 - \left(\frac{v}{c_o}\right)^2}}$$

m	Masse des in einem Inertialsystem S mit der Geschwindigkeit $\vec{v}$ = konstant bewegten Körpers, relativistische Masse	kg
m_o	Masse des in S ruhenden Körpers, Ruhemasse	kg
v	konstante Geschwindigkeit	$\frac{m}{s}$
c_o	Lichtgeschwindigkeit im Vakuum	$\frac{m}{s}$

5.5 Äquivalenz von Masse und Energie

Ruheenergie eines Körpers

$$E_o = m_o c_o^2$$

E_o	Ruheenergie	J
m_o	Ruhemasse des Körpers	kg
c_o	Lichtgeschwindigkeit im Vakuum	$\frac{m}{s}$

Der Körper hat im Inertialsystem S die Geschwindigkeit $v_o = 0$.

Relativistische Energie eines Körpers

$$E = m\,c_o^2$$

E	relativistische (Gesamt)-Energie	J
m	relativistische Masse	kg
c_o	Lichtgeschwindigkeit im Vakuum	$\frac{\text{m}}{\text{s}}$

Der Körper hat im Inertialsystem S die Geschwindigkeit $\vec{v}$ = konstant, $|\vec{v}| > 0$.

Kinetische Energie eines Körpers

$$E_k = (m - m_o)\,c_o^2$$

E_k	relativistische kinetische Energie	J
m	relativistische Masse	kg
m_o	Ruhemasse	kg
c_o	Lichtgeschwindigkeit im Vakuum	$\frac{\text{m}}{\text{s}}$

Der Körper hat im Inertialsystem S die Geschwindigkeit $\vec{v}$ = konstant, $|\vec{v}| > 0$.

6. Dualismus Welle – Teilchen

6.1 Strahlungsleistung, Strahlungsfluss

$$\phi_e = \frac{Q_e}{t}$$

ϕ_e	Strahlungsleistung, -fluss	W
Q_e	(Strahlungs-)Energie	J
t	Zeit	s

Ist die von der Oberfläche eines strahlenden Körpers ausgehende Energie Q_e, so heißt die in der Zeit t ausgestrahlte oder aufgenommene Leistung Strahlungsleistung.

6.2 Bestrahlungsstärke

$$E_e = \frac{\phi_e}{A}$$

E_e	Bestrahlungsstärke	$\frac{\text{W}}{\text{m}^2}$
ϕ_e	Strahlungsleistung	W
A	Empfängerfläche	m^2

Die auf die Empfängerfläche A (senkrecht zur Strahlrichtung angeordnet und gleichmäßig bestrahlt) bezogene zugestrahlte Leistung heißt Bestrahlungsstärke.

6.3 Energie eines Photons

$$E = h\,f$$

E	Energie eines Photons, Lichtquants	J
h	Planck-Konstante, plancksches Wirkungsquantum	Js
f	Frequenz des Photons	$\frac{1}{\text{s}}$

Planck-Konstante:

$$h = 6{,}62606876 \cdot 10^{-34}\ \text{Js}$$

6.4 Einstein-Gleichung

$$E_{\text{kin, max}} = hf - W$$

$E_{\text{kin, max}}$	maximale kinetische Energie des von einem Photon der Frequenz f ausgelösten Elektrons	J
h	Planck-Konstante	Js
f	Frequenz des Photons	$\frac{1}{\text{s}}$
W	Austrittsarbeit	J

Tabelle der Austrittsarbeit: S. 116

Tabelle der Spektrallinien: S. 116

6.5 Masse eines Photons

$$m = \frac{hf}{c_o^2}$$

m	Masse eines Photons	kg
h	Planck-Konstante	Js
f	Frequenz des Photons	$\frac{1}{\text{s}}$
c_o	Lichtgeschwindigkeit im Vakuum	$\frac{\text{m}}{\text{s}}$

6.6 Impuls eines Photons

$$p = \frac{h}{\lambda_o}$$

p	Impuls des Photons	$\frac{\text{kg m}}{\text{s}}$
h	Planck-Konstante	Js
λ_o	Wellenlänge des Photons im Vakuum	m

6.7 Compton-Effekt

$$\lambda_c = \frac{h}{m_e\, c_o}$$

λ_c	Compton-Wellenlänge	m
h	Planck-Konstante	Js
m_e	Ruhemasse des Elektrons	kg
c_o	Lichtgeschwindigkeit im Vakuum	$\frac{m}{s}$

Compton-Wellenlänge des Elektrons:

$$\lambda_c = 2{,}426310215 \cdot 10^{-12}\ m$$

$$\Delta\lambda = \lambda_2 - \lambda_1$$
$$\Delta\lambda = \lambda_c\,(1 - \cos\varphi)$$

$\Delta\lambda$	Zunahme der Wellenlänge eines Photons beim Stoß gegen ein ruhendes Elektron	m
λ_1	Wellenlänge des Photons vor dem Stoß	m
λ_2	Wellenlänge des Photons nach dem Stoß	m
λ_c	Compton-Wellenlänge	m
φ	Streuwinkel, Winkel zwischen alter und neuer Richtung des Photons	rad

6.8 De Broglie-Materiewellen

De Broglie-Gleichung

$$\lambda = \frac{h}{p}$$

λ	Wellenlänge der Materiewelle, de Broglie-Wellenlänge	m
h	Planck-Konstante	Js
p	Impuls des bewegten Teilchens	$\frac{kg\ m}{s}$

Jedem bewegten Teilchen lässt sich eine Materiewelle der Wellenlänge λ zuordnen.

Zusammenhang zwischen der Gesamtenergie E eines bewegten Teilchens und der Frequenz f seiner Materiewelle

$$E = hf$$

E	Gesamtenergie	J
h	Planck-Konstante	Js
f	Frequenz	$\frac{1}{\text{s}}$

Bragg-Gleichung

$$d \sin \delta = k \frac{\lambda}{2}$$
$$k = 1{,}2, \ldots, n$$

d	Abstand paralleler Streuebenen, Netzebenen	m
δ	Bragg-Winkel, Glanzwinkel	rad
λ	Wellenlänge der Materiewelle	m

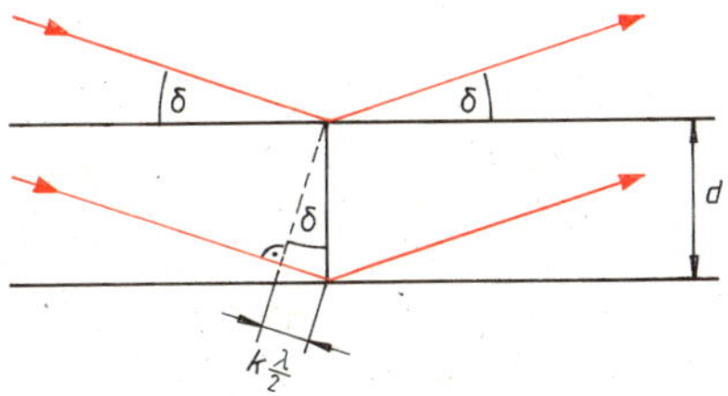

Treffen Materiewellen unter dem Winkel δ auf parallele Netzebenen in einer Metallfolie oder in einem kubischen Kristall und werden sie unter δ reflektiert, so tritt eine maximale Intensität der gestreuten Wellen aufgrund von Interferenz ein, falls die Bragg-Gleichung erfüllt ist.

7. Atomkern und Kernumwandlung

7.1 Atombau

7.1.1 Atomkern

$$A = Z + N$$

$$m_a = A_r u$$

$$m_K = m_a - Z m_e$$

$$R = r_p \sqrt[3]{A}$$

A	Massenzahl, Anzahl der Nukleonen	1
Z	Ordnungs-, Protonenzahl	1
N	Neutronenzahl	1
m_a	Atommasse	kg
A_r	relative Atommasse	1
u	atomare Masseneinheit (unit)	kg
m_K	Masse des Atomkerns	kg
m_e	Elektronenruhemasse	kg
R	mittlerer Radius des Atomkerns	m
r_p	Radius des Protons	m

Atomare Masseneinheit:

$u = 1{,}660\,53873 \cdot 10^{-27}$ kg

$1\,u \mathrel{\hat{=}} 931{,}494013$ MeV

Radius des Protons:

$r_p = 1{,}46 \cdot 10^{-15}$ m

7.1.2 Stoffmenge – Definition der Stoffmenge ν

Ein Körper hat die Stoffmenge ν = 1 mol, wenn er aus ebenso vielen gleichartigen Teilchen besteht, wie Atome in 12 g des Kohlenstoffnuklids $^{12}_{6}C$ enthalten sind. Die Stoffmenge 1 mol enthält bei allen Stoffen 6,0221367 · 10^{23} gleichartige Teilchen.

1 kmol = 10^3 mol

Avogadro-Konstante N_A

$$N_A = \frac{N}{\nu}$$

N_A	Avogadro-Konstante	$\frac{1}{\text{mol}}$
N	Anzahl der Teilchen in Stoffmenge ν	1
ν	Stoffmenge	mol

$$N_A = 6{,}02214199 \cdot 10^{23} \cdot \frac{1}{\text{mol}}$$

Molare Masse M

$$M = \frac{m}{\nu}$$

M	molare Masse	$\frac{\text{kg}}{\text{mol}}$
m	Masse des Körpers	kg
ν	Stoffmenge des Körpers	mol

Masse m_x eines Teilchens x

$$m_x = \frac{M}{N_A}$$

m_x	Masse des Teilchens x	kg
M	molare Masse	$\frac{\text{kg}}{\text{mol}}$
N_A	Avogadro-Konstante	$\frac{1}{\text{mol}}$

7.1.3 Bohrsches Atommodell

Erstes bohrsches Postulat, Quantenbedingung

$$2\pi r m_e v = nh$$
$$n = 1, 2, 3, \ldots$$

r	Radius der Elektronenbahn, Quantenbahn	m
m_e	Ruhemasse des Elektrons	kg
v	Bahngeschwindigkeit des Elektrons	$\frac{m}{s}$
h	Planck-Konstante	Js
n	Zahl der Elektronenbahn ab Atomkern, Quantenzahl	1

Elektronen umlaufen den Atomkern nur auf diskreten Bahnen mit jeweils bestimmter Energie E_n strahlungsfrei.

Zweites bohrsches Postulat, Frequenzbedingung

$$\Delta E = E_n - E_m = hf$$

ΔE	Energieänderung	J
E_n	Energie des Elektrons in der Quantenbahn n	J
E_m	Energie des Elektrons in der Quantenbahn m	J
h	Planck-Konstante	Js
f	Frequenz des Photons	$\frac{1}{s}$

Beim spontanen Übergang eines Elektrons von der Quantenbahn n zur Quantenbahn m wird seine Energieänderung ΔE in Form eines Photons der Frequenz f abgestrahlt (emittiert) oder aufgenommen (absorbiert).

Energiestufen des Elektrons im Wasserstoffatom

$$E_n = -\frac{m_e e^4}{8\,\epsilon_o^2 h^2} \cdot \frac{1}{n^2}$$

E_n	Gesamtenergie des Elektrons auf der n. Quantenbahn, Bindungsenergie	J
m_e	Ruhemasse des Elektrons	kg
e	elektrische Elementarladung	C
ϵ_o	elektrische Feldkonstante	$\frac{F}{m}$
h	Planck-Konstante	Js
n	Quantenzahl	1

Für die Gesamtenergie des Elektrons auf der n. Quantenbahn gilt: $E_n = E_{pot} + E_{kin}$.
Für $n \to \infty$ ist das Elektron vom Atomkern getrennt.

7.1.4 Rydberg-Konstante

Rydberg-Konstante für Einelektronensysteme

$$R_\infty = \frac{\mu_o^2 m_e e^4 c_o^3}{8 h^3}$$

$$R_\infty = \frac{m_e e^4}{8\,\epsilon_o^2 h^3 c_o}$$

R_∞	Rydberg-Konstante für einen unendlich schweren Atomkern	$\frac{1}{m}$
μ_o	magnetische Feldkonstante	$\frac{H}{m}$
m_e	Ruhemasse des Elektrons	kg
e	elektrische Elementarladung	C
c_o	Lichtgeschwindigkeit im Vakuum	$\frac{m}{s}$
h	Planck-Konstante	Js
ϵ_o	elektrische Feldkonstante	$\frac{F}{m}$

Rydberg-Konstante:

$$R_\infty = 1{,}0973731568549 \cdot 10^7\ m^{-1}$$

Modifizierte Rydberg-Konstante R

$$R = \frac{R_\infty}{1 + \frac{m_e}{m_K}}$$

R	Rydberg-Konstante für einen Atomkern mit endlicher Masse m	$\frac{1}{m}$
R_∞	Rydberg-Konstante	$\frac{1}{m}$
m_e	Ruhemasse des Elektrons	kg
m_K	Ruhemasse des Atomkerns	kg

Rydberg-Konstante R_H des Wasserstoffatoms ($m_K = m_p$):

$$R_H = 1{,}09677583 \cdot 10^7\ m^{-1}$$

Allgemeine Serienformel für das Wassserstoffatom

$$\frac{1}{\lambda} = R_H \left(\frac{1}{n^2} - \frac{1}{m^2}\right)$$
$$n = 1, 2, 3, \ldots; m > n$$

$\frac{1}{\lambda}$	Kehrwert der Wellenlänge λ des emittierten Photons, Wellenzahl	$\frac{1}{\mathrm{m}}$
R_H	Rydberg-Konstante für Wasserstoff	$\frac{1}{\mathrm{m}}$
n, m	Quantenzahl, $m > n$	1

7.1.5 Röntgenstrahlung
Bremsstrahlung der Röntgenstrahlung

$$\lambda_c = \frac{h\, c_0}{e\, U}$$

λ_c	(untere) Grenzwellenlänge der Bremsstrahlung	m
h	Planck-Konstante	Js
c_0	Lichtgeschwindigkeit im Vakuum	$\frac{\mathrm{m}}{\mathrm{s}}$
e	elektrische Elementarladung	C
U	Spannung	V

Die Grenzwellenlänge λ_c ergibt sich, wenn das Elektron nach Durchlaufen der Spannung U seinen gesamten Energievorrat spontan abstrahlt.

Moseley-Gesetz für die K_α-Linie im Röntgenspektrum

$$\frac{1}{\lambda} = \frac{3}{4} R_\infty (Z - 1)^2$$

$\frac{1}{\lambda}$	Wellenzahl für den Elektronenübergang aus der L-Schale in die K-Schale eines Elements	$\frac{1}{\mathrm{m}}$
R_∞	Rydberg-Konstante oder deren modifizierter Wert für das betrachtete Element	$\frac{1}{\mathrm{m}}$
Z	Ordnungszahl des betrachteten Elements	1

7.2 Kernumwandlung

7.2.1 Zählrate, Impulsrate

$$Z = \frac{N}{\Delta t}$$

Z	Zählrate, Impulsrate	$\frac{1}{s}$
N	Anzahl der im Nachweisgerät registrierten Entladungen bzw. Impulse	1
Δt	Zeitdauer	s

7.2.2 Absorptionsgesetz für β- und γ-Strahlen

$$Z(d) = Z_o e^{-\mu d}$$

$Z(d)$	Zählrate hinter dem absorbierenden Material	$\frac{1}{s}$
Z_o	Zählrate vor dem absorbierenden Material	$\frac{1}{s}$
μ	Schwächungskoeffizient	$\frac{1}{m}$
d	Dicke des durchstrahlten Materials, Absorbers	m

7.2.3 Halbwertsdicke

$$D_{1/2} = \frac{\ln 2}{\mu}$$

$D_{1/2}$	Halbwertsdicke	m
μ	Schwächungskoeffizient	$\frac{1}{m}$

Tabelle für Halbwertsdicken: S. 117

7.2.4 Zerfallsgesetz für radioaktive Substanzen

$$N(t) = N_0\, e^{-\lambda t}$$

$N(t)$	Anzahl der im Zeitpunkt t noch nicht zerfallenen strahlungsfähigen Atome	1
N_0	Anzahl der strahlungsfähigen Atome im Zeitpunkt $t_0 = 0$	1
λ	Zerfallskonstante	$\frac{1}{s}$
t	Zeit	s

Tabelle der Zerfallreihen: S. 118 und S. 119

Tabelle der atomphysikalischen Daten chemischer Elemente: S. 122

7.2.5 Halbwertszeit

$$T_{1/2} = \frac{\ln 2}{\lambda}$$

$$\lambda = \frac{1}{\tau}$$

$T_{1/2}$	Halbwertszeit	s
λ	Zerfallskonstante	$\frac{1}{s}$
τ	mittlere Lebensdauer eines Nuklids	s

7.2.6 Aktivität einer radioaktiven Substanz

Definition der Aktivität A

$$A(t) = -\lim_{\Delta t \to 0} \left(\frac{\Delta N(t)}{\Delta t}\right)$$

$$A(t) = -\frac{dN(t)}{dt}$$

$A(t)$	Aktivität der radioaktiven Substanz oder des Radionuklids, Zerfallsrate	Bq
ΔN	Anzahl der Kernumwandlungen in der Zeitänderung Δt	1
Δt	Zeitänderung, Zeitdauer	s

Bq: Becquerel

$$1\ \text{Bq} = \frac{1}{s}$$

A: Anzahl der Atome, die sich innerhalb einer Sekunde umwandeln.
Frühere Einheit Ci: Curie

$$1\ \text{Ci} = 3{,}70 \cdot 10^{10}\ \frac{1}{s}$$

$$A(t) = \lambda\, N(t)$$

$A(t)$	Aktivität	Bq
$N(t)$	Anzahl der im Zeitpunkt t noch nicht zerfallenen strahlungsfähigen Atome	1
λ	Zerfallskonstante	$\frac{1}{s}$
t	Zeit	s

7.2.7 Kernspaltung von U 235

$${}^{235}_{92}U + {}^{1}_{0}n \rightarrow {}^{93}_{38}Sr + {}^{140}_{54}Xe + 3\,{}^{1}_{0}n$$

U 235 wird durch Neutronenbeschuss gespalten. Die nebenstehende Spaltungsgleichung ist ein Beispiel aus vielen Möglichkeiten.

7.2.8 Kernfusion

$${}^{1}_{1}H + {}^{2}_{1}H \rightarrow {}^{3}_{1}H + {}^{0}_{1}e + \nu + E$$

Die Umkehrung der Kernspaltung ist die Kernfusion. Die nebenstehende Fusionsreaktion ist ein Beispiel aus vielen Möglichkeiten und führt zu einem Tritiumkern.
Außerdem entstehen ein Positron und ein Neutrino.

7.2.9 Massendefekt und Bindungsenergie

$$B = Z\,m_p + (A - Z)\,m_n - m_K$$

$$E_B = B\,c_o^2$$

B	Massendefekt	kg
Z	Protonenzahl	1
m_p	Protonenmasse	kg
A	Nukleonenzahl, Massenzahl	1
m_n	Neutronenmasse	kg
m_K	Kernmasse	kg
E_B	Bindungsenergie eines Atomkerns	J
c_o	Lichtgeschwindigkeit im Vakuum	$\frac{m}{s}$

Tabelle der atomphysikalischen Daten chemischer Elemente: S. 122

Tabelle der Kernmasse und Bindungsenergie: S. 121

7.3 Strahlendosimetrie

7.3.1 Energiedosis

$$D = \frac{E}{m}$$

$$\dot{D} = \frac{dD}{dt}$$

D	Energiedosis	Gy
E	absorbierte Strahlungsenergie	J
m	Masse des durchstrahlten Stoffes	kg
$\dot{D}$	Energiedosisrate, -leistung	$\frac{Gy}{s}$

Gy: Gray

$$1\ Gy = 1\frac{J}{kg}$$

Radioaktive Strahlung stellt einen Energiestrom dar. Bei der Durchdringung von Materie wird ein Teil dieser Energie absorbiert.

Definition:
Die Energiedosis D einer ionisierenden Strahlung gibt die absorbierte Energie bezogen auf die Masse des durchstrahlten Körpers an. Sie beträgt 1 Gray, wenn pro Kilogramm Masse eine Energie von 1 J absorbiert wird.
In der Praxis gebräuchlich ist auch die alte Bezeichnung Rad (radiation absorbed dose).

$$1\ Rad = 10^{-2}\ Gy$$

7.3.2 Äquivalentdosis

$$H = q\,D$$

$$\dot{H} = q\,\dot{D}$$

H	Äquivalentdosis	Sv
q	Qualitätsfaktor, Bewertungsfaktor	$\frac{\text{Sv}}{\text{Gy}} = 1$
D	Energiedosis	Gy
$\dot{H}$	Äquivalentdosisrate, -leistung	$\frac{\text{Sv}}{\text{s}}$

Sv: Sievert

$$1\ \text{Sv} = 1\ \frac{\text{J}}{\text{kg}}$$

Strahlung	q
Röntgenstrahlen $U_B = 200$ kV	1
Beta- und Gammastrahlung	1
thermische Neutronenstrahlung (0,025 eV)	3
schnelle Neutronen- oder Protonenstrahlung	10
Alphastrahlung	20
Spaltprodukte, schwere Rückstoßkerne	20

Definition:

Die Äquivalentdosis ist ein Maß für die biologische Wirkung ionisierender Strahlung. Sie ergibt sich durch Multiplikation der Energiedosis mit einem Qualitätsfaktor, dessen Größe von der Strahlungsart abhängt.

In der Praxis wird auch die alte Einheit Rem (röntgen equivalent man) benutzt.

$$1\ \text{Rem} = 10^{-2}\ \text{Sv}$$

8. Fehlerrechnung

8.1 Fehler

$$\Delta x = x_m - \bar{x}$$

$$|\Delta x| = |x_m - \bar{x}|$$

$$\left|\frac{\Delta x}{\bar{x}}\right| = \left|\frac{x_m - \bar{x}}{\bar{x}}\right|$$

$$F_p = \left|\frac{\Delta x}{\bar{x}}\right| \cdot 100\ \%$$

Δx	Fehler
x_m	gemessener Wert
$\bar{x}$	richtiger Wert
$\|\Delta x\|$	absoluter Fehler
$\left\|\frac{\Delta x}{\bar{x}}\right\|$	relativer Fehler
F_p	prozentualer Fehler

$\Delta x > 0$ falls $x_m > x$

$\Delta x < 0$ falls $x_m < x$

$\bar{x}$ (gelesen: x – quer) ist der als richtig angenommene Wert der physikalischen Größe und wird direkt meist als Mittelwert (8.2.1) einer Messreihe oder durch Vergleich mit einem Normal gewonnen.

8.2 Rechnerische Erfassung der zufälligen Fehler

8.2.1 Arithmetisches Mittel, Mittelwert

$$\bar{x} = \frac{1}{n} \sum_{i=1}^{n} x_i$$

$$\bar{x} = \frac{1}{n} (x_1 + x_2 + \ldots + x_n)$$

$\bar{x}$	richtiger Wert
$x_1, \ldots, x_n$	Einzelmesswerte
n	Anzahl der Messungen

8.2.2 Mittlerer quadratischer Fehler der Einzelmessung, Standardabweichung

$$s = \sqrt{\frac{1}{n-1} \sum_{i=1}^{n} (x_i - \bar{x})^2}$$

$$s = \sqrt{\frac{1}{n-1} [(x_1 - \bar{x})^2 + (x_2 - \bar{x})^2 + \ldots + (x_n - \bar{x})^2]}$$

$$s_r = \frac{s}{\bar{x}} \cdot 100\ \%$$

s	Standardabweichung
$x_1, \ldots, x_n$	Einzelmesswerte
$\bar{x}$	Mittelwert
n	Anzahl der Messungen
s_r	relative Standardabweichung

8.2.3 Vertrauensgrenzen und Vertrauensbereich des Mittelwertes $\bar{x}$

$$\bar{x} + \frac{s}{\sqrt{n}}$$

–	obere Vertrauensgrenze

$$\bar{x} - \frac{s}{\sqrt{n}}$$

–	untere Vertrauensgrenze

$$\bar{x} - \frac{s}{\sqrt{n}} \leqq x \leqq \bar{x} + \frac{s}{\sqrt{n}}$$

–	Vertrauensbereich
x	wahrer Wert der Messgröße
$\bar{x}$	Mittelwert
s	Standardabweichung
n	Anzahl der Einzelmesswerte

Vertrauensgrenzen und Vertrauensbereich gelten für die statistische Sicherheit P = 68,3 %

8.2.4 Angabe des Messergebnisses

$$x = \bar{x} \pm |\Delta x|$$

–	allgemeine Angabe
x	Messwert
$\bar{x}$	Mittelwert des Messwerts
$\|\Delta x\|$	(mittlerer) absoluter Fehler

$$x = \left(\bar{x} \pm \frac{s}{\sqrt{n}}\right) \cdot \text{Einheit}$$

–	absolute Angabe

$$x = \bar{x} \cdot \left(1 \pm \frac{s}{\sqrt{n} \cdot \bar{x}}\right) \cdot \text{Einheit}$$

–	Angabe mit relativem Vertrauensbereich

$$x = \bar{x} \cdot \left(1 \pm \frac{s}{\sqrt{n} \cdot \bar{x}} \cdot 100\%\right) \cdot \text{Einheit}$$

–	Angabe mit prozentualem Vertrauensbereich

8.3 Fehlerfortpflanzung bei

8.3.1 Summe $y = x_1 + x_2$

$$\bar{y} \pm |\Delta y| = (\bar{x}_1 \pm |\Delta x_1|) + (\bar{x}_2 \pm |\Delta x_2|)$$

y	Summe zweier Messwerte
x_1, x_2	Messwerte
$\|\Delta y\|$	absoluter Fehler der Summe
$\|\Delta x_1\|, \|\Delta x_2\|$	absoluter Fehler der Messwerte

Das Messergebnis $y = \bar{y} \pm |\Delta y|$ ist nicht unmittelbar messbar, sondern ergibt sich z.B. als Summe von zwei direkt messbaren Messwerten $x_1 = \bar{x}_1 \pm |\Delta x_1|$, $x_2 = \bar{x}_2 \pm |\Delta x_2|$,

$$\bar{y} = \bar{x}_1 + \bar{x}_2$$

$$|\Delta y| = |\Delta x_1| + |\Delta x_2|$$

$\bar{y}$	Mittelwert der Summe
$\bar{x}_1, \bar{x}_2$	Mittelwerte der Messwerte
$\|\Delta y\|$	absoluter Fehler einer Summe
$\|\Delta x_1\|, \|\Delta x_2\|$	absoluter Fehler der Messwerte

Die absoluten Messfehler $|\Delta x_1|$, $|\Delta x_2|$ ergeben sich gemäß 8.1 und 8.2 oder mittels Abschätzung der meist durch nur eine Messung bestimmten Messwerte x_1, x_2.

8.3.2 Differenz $y = x_1 - x_2$

$$\bar{y} \pm |\Delta y| = (\bar{x}_1 \pm |\Delta x_1|) - (\bar{x}_2 \pm |\Delta x_2|)$$
$$\bar{y} = \bar{x}_1 - \bar{x}_2$$

y	Differenz zweier Messwerte

$$|\Delta y| = |\Delta x_1| + |\Delta x_2|$$

$\|\Delta y\|$	absoluter Fehler einer Differenz

8.3.3 Produkt $y = x_1 \cdot x_2$

$$\bar{y} \pm |\Delta y| = (\bar{x}_1 \pm |\Delta x_1|) \cdot (\bar{x}_2 \pm |\Delta x_2|)$$
$$\bar{y} = \bar{x}_1 \bar{x}_2$$

$$\left|\frac{\Delta y}{\bar{y}}\right| = \left|\frac{\Delta x_1}{\bar{x}_1}\right| + \left|\frac{\Delta x_2}{\bar{x}_2}\right|$$

y	Produkt zweier Messwerte

$\left\|\frac{\Delta y}{\bar{y}}\right\|$	relativer Fehler eines Produktes
$\left\|\frac{\Delta x_1}{\bar{x}_1}\right\|, \left\|\frac{\Delta x_2}{\bar{x}_2}\right\|$	relativer Fehler der Messwerte x_1, x_2

8.3.4 Potenz $y = x_1^n$

$$\bar{y} \pm |\Delta y| = (\bar{x}_1 \pm |\Delta x_1|)^n$$
$$\bar{y} = \bar{x}_1^n$$

$$\left|\frac{\Delta y}{\bar{y}}\right| = |n| \left|\frac{\Delta x_1}{\bar{x}_1}\right|$$

y	n-te Potenz eines Messwertes

$\left\|\frac{\Delta y}{\bar{y}}\right\|$	relativer Fehler einer n-ten Potenz
$\left\|\frac{\Delta x_1}{\bar{x}_1}\right\|$	relativer Fehler des Messwertes x_1

8.3.5 Quotient $y = \frac{x_1}{x_2}$

$$\bar{y} \pm |\Delta y| = \frac{\bar{x}_1 \pm |\Delta x_1|}{\bar{x}_2 \pm |\Delta x_2|}$$
$$\bar{y} = \frac{\bar{x}_1}{\bar{x}_2}$$

$$\left|\frac{\Delta y}{\bar{y}}\right| = \left|\frac{\Delta x_1}{\bar{x}_1}\right| + \left|\frac{\Delta x_2}{\bar{x}_2}\right|$$

y	Quotient zweier Messwerte

$\left\|\frac{\Delta y}{\bar{y}}\right\|$	relativer Fehler eines Quotienten
$\left\|\frac{\Delta x_1}{\bar{x}_1}\right\|, \left\|\frac{\Delta x_2}{\bar{x}_2}\right\|$	relativer Fehler der Messwerte x_1, x_2

9. Tabellen

9.1 Internationales Einheitensystem (SI)

SI-Einheiten sind in Deutschland gesetzlich vorgeschrieben und in DIN 1301 aufgeführt.

Basisgröße	SI-Basiseinheit Name	Zeichen
Länge	Meter	m
Masse	Kilogramm	kg
Zeit	Sekunde	s
elektrische Stromstärke	Ampere	A
thermodynamische Temperatur	Kelvin	K
Stoffmenge	Mol	mol
Lichtstärke	Candela	cd

Definitionen der SI-Basiseinheiten:

Einheit der Länge (Meter):
1 Meter ist die Länge der Strecke, die Licht im Vakuum während der Dauer von 1/299 792 458 Sekunden durchläuft.

Einheit der Masse (Kilogramm):
1 Kilogramm ist die Masse des Internationalen Kilogrammprototyps.

Einheit der Zeit (Sekunde):
1 Sekunde ist das 9 192 631 770fache der Periodendauer der dem Übergang zwischen den beiden Hyperfeinstrukturniveaus des Grundzustandes von Atomen des Nuklids ^{133}Cs entsprechenden Strahlung.

Einheit der elektrischen Stromstärke (Ampere):
1 Ampere ist die Stärke eines konstanten elektrischen Stromes, der, durch zwei im Vakuum parallel im Abstand von 1 Meter voneinander angeordnete, geradlinige, unendlich lange Leiter von vernachlässigbar kleinem kreisförmigen Querschnitt fließend, zwischen diesen Leitern je 1 Meter Leiterlänge die Kraft $2 \cdot 10^{-7}$ Newton hervorrufen würde.

Einheit der thermodynamischen Temperatur (Kelvin):
1 Kelvin ist der 273,16te Teil der thermodynamischen Temperatur des Tripelpunktes des Wassers.

Einheit der Stoffmenge (Mol):
1 Mol ist die Stoffmenge eines Systems, das aus ebenso viel Einzelteilchen besteht, wie Atome in 0,012 Kilogramm des Kohlenstoffnuklids ^{12}C enthalten sind. Bei Benutzung des Mol müssen die Einzelteilchen des Systems spezifiziert sein und können Atome, Moleküle, Ionen, Elektronen sowie andere Teilchen oder Gruppen solcher Teilchen genau angegebener Zusammensetzung sein.

Einheit der Lichtstärke (Candela):
1 Candela ist die Lichtstärke einer Strahlungsquelle der Frequenz $540 \cdot 10^{12}$ Hz, deren Strahlstärke in die herausgegriffene Richtung 1/683 Watt durch Steradiant beträgt.

9.2 Dezimale Vielfache und Teile der SI-Einheiten

Vorsatz-zeichen	Vorsatz	Zehner-potenz	Vielfache
da	Deka	10^{1}	Zehn
h	Hekto	10^{2}	Hundert
k	Kilo	10^{3}	Tausend
M	Mega	10^{6}	Million
G	Giga	10^{9}	Milliarde
T	Tera	10^{12}	Billion
P	Peta	10^{15}	Billiarde
E	Exa	10^{18}	Trillion

Vorsatz-zeichen	Vorsatz	Zehner-potenz	Vielfache
d	Dezi	10^{-1}	Zehntel
c	Centi	10^{-2}	Hundertstel
m	Milli	10^{-3}	Tausendstel
µ	Mikro	10^{-6}	Millionstel
n	Nano	10^{-9}	Milliardstel
p	Piko	10^{-12}	Billionstel
f	Femto	10^{-15}	Billiardstel
a	Atto	10^{-18}	Trillionstel

9.3 Griechisches Alphabet

α	A	Alpha	η	H	Eta	ν	N	Ny	τ	T	Tau
β	B	Beta	ϑ	Θ	Theta	ξ	Ξ	Xi	υ	Υ	Ypsilon
γ	Γ	Gamma	ι	I	Jota	o	O	Omikron	φ	Φ	Phi
δ	Δ	Delta	κ	K	Kappa	π	Π	Pi	χ	X	Chi
ϵ	E	Epsilon	λ	Λ	Lambda	ρ	P	Rho	ψ	Ψ	Psi
ζ	Z	Zeta	μ	M	My	σ	Σ	Sigma	ω	Ω	Omega

9.4 Physikalische Fundamentalkonstanten

Name	Zeichen	Zahlenwert	SI-Einheit	relativer Fehler
α-Teilchen, Heliumkern	m_α	$6{,}644\,655\,98 \cdot 10^{-27}$	kg	$7{,}9 \cdot 10^{-8}$
		4,001 506 1747 u		$2{,}5 \cdot 10^{-10}$
	$m_\alpha c_0^2$	3727,37904	MeV	$4{,}0 \cdot 10^{-8}$
Atomare Masseneinheit	u	$1{,}660\,538\,73 \cdot 10^{-27}$	kg	$7{,}9 \cdot 10^{-8}$
	$u\,c_0^2$	931,494 013	MeV	$4{,}0 \cdot 10^{-8}$
Avogadro-Konstante	N_A	$6{,}022\,141\,99 \cdot 10^{23}$	mol^{-1}	$7{,}9 \cdot 10^{-8}$
Compton-Wellenlänge des Elektrons	λ_C	$2{,}426\,310\,215 \cdot 10^{-12}$	m	$7{,}3 \cdot 10^{-9}$
Elektrische Feldkonstante	ϵ_0	$8{,}854\,187\,817 \ldots 10^{-12}$	Fm^{-1}	exakt
Elektron: Ruhemasse	m_e	$9{,}109\,381\,88 \cdot 10^{-31}$	kg	$7{,}9 \cdot 10^{-8}$
		$5{,}485\,799\,110 \cdot 10^{-4}\,u$		$2{,}1 \cdot 10^{-9}$
Ruheenergie	$m_e\,c_0^2$	0,510 998 902	MeV	$4{,}0 \cdot 10^{-8}$
klassischer Radius	r_e	$2{,}817\,940\,285 \cdot 10^{-15}$	m	$1{,}1 \cdot 10^{-8}$
Elementarladung	e	$1{,}602\,176\,462 \cdot 10^{-19}$	C	$3{,}9 \cdot 10^{-8}$
Fallbeschleunigung (Norm-)	g_n	9,806 65	ms^{-2}	exakt
Faraday-Konstante	F	96 485,341 5	$C \cdot mol^{-1}$	$4{,}0 \cdot 10^{-8}$
Gravitationskonstante	G	$6{,}673 \cdot 10^{-11}$	$m^3\,kg^{-1}s^{-2}$	$1{,}5 \cdot 10^{-3}$
Lichtgeschwindigkeit im Vakuum	c_0	$2{,}997\,924\,58 \cdot 10^{8}$	ms^{-1}	exakt
Magnetische Feldkonstante	μ_0	$4\,\pi \cdot 10^{-7}$		
		$= 12{,}566\,370\,614 \ldots \cdot 10^{-7}$	NA^{-2}	exakt
Neutron: Ruhemasse	m_n	$1{,}674\,927\,16 \cdot 10^{-27}$	kg	$7{,}9 \cdot 10^{-8}$
		$1{,}008\,664\,915\,78\,u$		$5{,}4 \cdot 10^{-10}$
Ruheenergie	$m_n\,c_0^2$	939,565 330	MeV	$4{,}9 \cdot 10^{-8}$
Planck-Konstante	h	$6{,}626\,068\,76 \cdot 10^{-34}$	Js	$7{,}8 \cdot 10^{-8}$
Rydberg-Konstante	R_∞	$1{,}097\,373\,156\,854\,9 \cdot 10^{7}$	m^{-1}	$7{,}6 \cdot 10^{-12}$
Proton: Ruhemasse	m_p	$1{,}672\,621\,58 \cdot 10^{-27}$	kg	$7{,}9 \cdot 10^{-8}$
		$1{,}007\,276\,466\,88\,u$		$1{,}3 \cdot 10^{-10}$
Ruheenergie	$m_p\,c_0^2$	938,271 998	MeV	$4{,}0 \cdot 10^{-8}$

9.5 Physikalische Größen in alphabetischer Reihenfolge

Name	Bezeichnung	SI-Einheit	Ableitung
Aktivität	A	Bq	1 Bq = 1/s
Amplitude	$\hat{y}$	m	–
Äquivalentdosis	H	Sv	1 Sv = 1 J/kg
Äquivalentdosisrate, -leistung	$\dot{H}$	Sv/s	1 Sv/s = 1 J/kgs
Arbeit	W	J	1 J = 1 Nm = 1 Ws
Atommasse	m_a	kg	–
Auftriebskraft	$\vec{F}_A$	N	1 N = 1 kg m/s²
Ausbreitungsgeschwindigkeit	c	m/s	–
Beschleunigung	$\vec{a}$	m/s^2	$1\ m/s^2 = 1\ N/kg$
Bestrahlungsstärke	E_e	$\frac{W}{m^2}$	–
Bildgröße	B	m	–
Bildweite	b	m	–
Blindleistung	Q	W	–
Blindwiderstand	X	Ω	1 Ω = 1 V/A
Brechwert	D	dpt	1 dpt = 1/m
Brechzahl	n	1	–
Brennweite	f	m	–
Dichte	ρ	kg/m^3	–
Dielektrizitätszahl	ϵ_r	1	–
Drehmoment	M	Nm	–
Drehwinkel	φ	rad	$rad = \frac{m}{m} = 1$
Druck	p	Pa	$1\ Pa = 1\ N/m^2$

9.5 Physikalische Größen in alphabetischer Reihenfolge (Fortsetzung)

Name	Bezeichnung	SI-Einheit	Ableitung
Elektrische Feldenergie	E_{el}	J	1 J = 1 V As = 1 Ws
Elektrische Feldkonstante	ϵ_0	F/m	1 F/m = 1 As/Vm
Elektrische Feldstärke	$\vec{E}$	V/m	1 V/m = 1N/C
Elektrische Flächenladungsdichte	σ	C/m^2	–
Elektrische Flussdichte	$\vec{D}$	C/m^2	
Elektrische Ladung	Q	C	1 C = 1 As
Elektrische Leistung	P	W	1 VA = 1 W
Elektrische Spannung	U	V	$1\ V = 1 \frac{J}{C}$
Elektrische Stromstärke	I	A	–
Elektrischer Widerstand	R	Ω	1 Ω = 1 V/A
Elektrisches Potential	φ_e	V	1 V = 1 J/C
Elongation, momentane Auslenkung	y	m	–
Energie	E, W	J	1 J = 1 Nm = 1 Ws
Energiedosis	D	Gy	1 Gy = 1 J/kg
Energiedosisrate, -leistung	$\dot{D}$	Gy/s	1 Gy/s = 1 J /kg s
Federkonstante	D	N/m	–
Fläche	A	m^2	–
Frequenz	f	Hz	1 Hz = 1/s
Gegenstandsgröße	G	m	–
Gegenstandsweite	g	m	–
Geschwindigkeit	$\vec{v}$	m/s	–
Gravitationskonstante	G	$Nm^2\ kg^{-2}$	$1\ Nm^2\ kg^{-2} = 1\ m^3\ kg^{-1} s^{-2}$

9.5 Physikalische Größen in alphabetischer Reihenfolge (Fortsetzung)

Name	Bezeichnung	SI-Einheit	Ableitung
Halbwertsdicke	$D_{1/2}$	m	–
Halbwertszeit	$T_{1/2}$	s, h, a	Sekunde, Stunde, Jahr
Heizwert	H	kJ/kg	–
Höhe	h	m	–
Impuls	$\vec{p}$	$\frac{\text{kgm}}{\text{s}}$	$1\,\frac{\text{kgm}}{\text{s}} = 1\,\text{Ns}$
Induktivität	L	H	1 H = 1 Vs/A
Innerer Widerstand	R_{int}	Ω	1 Ω =1 V/A
Kapazität	C	F	$1\,\text{F} = 1\,\text{As/V} = 1\,\frac{\text{C}}{\text{V}}$
Kinetische Energie	W_{k}	J	1 J = 1 Nm = 1 Ws
Kraft	$\vec{F}$	N	$1\,\text{N} = 1\,\text{kg m/s}^2$
Kraftstoß	$\vec{F}\ \Delta t$	$\frac{\text{kgm}}{\text{s}}$	$1\,\frac{\text{kgm}}{\text{s}} = 1\,\text{Ns}$
Kreisfrequenz	ω	s^{-1}	–
Ladung	Q	C	1 C = 1 As
Länge	l	m	–
Längenausdehnungskoeffizient	α	1/K	–
Leistung	P	W	1 W = 1 Nm/s = 1 J/s = 1 VA
Lichtgeschwindigkeit im Vakuum	c_{o}	m/s	–
Magnetische Feldenergie	W_{m}	J	1 J = 1 VAs = 1 Ws
Magnetische Feldkonstante	μ_{o}	Hm^{-1}	$1\,\text{Hm}^{-1} = 1\,\text{Vs/Am} = 1\,\text{NA}^{-2}$
Magnetische Feldstärke	H	A/m	–
Magnetische Flussdichte	$\vec{B}$	T	$1\,\text{T} = 1\,\text{N/Am} = 1\,\text{Vs/m}^2$
Magnetischer Fluss	ϕ	Wb	1 Wb = 1 Vs

9.5 Physikalische Größen in alphabetischer Reihenfolge (Fortsetzung)

Name	Bezeichnung	SI-Einheit	Ableitung
Masse	m	kg	–
Massenzahl	A	1	–
Molare Masse	M	kg/mol	–
Neutronenzahl	N	1	–
Nukleonenzahl, Massenzahl	A	1	–
Nullphasenwinkel	φ_o	rad	–
Nutzwärme	Q	kJ/kg K	–
Ordnungszahl, Protonenzahl	Z	1	–
Ort, Ortsänderung	s	m	–
Periodendauer	T	s	–
Permeabilität	μ	H/m	1 H/m = 1 Vs/Am
Permeabilitätszahl	μ_r	1	–
Potentielle Energie	W_p, E_p	J	1 J = 1 Nm = 1 Ws
Protonenzahl	Z	1	–
Radius	r	m	–
Reibungsarbeit	W_R	J	1 J = 1 Nm = 1 Ws
Reibungskraft	$\vec{F}_R$	N	1 N = 1 kg m/s^2
Reibungszahl	μ	1	–
Relative Atommasse	A_r	1	–
Richtgröße	D	N/m	–

9.5 Physikalische Größen in alphabetischer Reihenfolge (Fortsetzung)

Name	Bezeichnung	SI-Einheit	Ableitung
Schallgeschwindigkeit	c	m/s	–
Scheinleistung	S	W	–
Scheinwiderstand	Z	Ω	–
Schmelzwärme	Q_{sch}	kJ/kg	–
Schwächungskoeffizient	μ	m^{-1}	
Schwingungsdauer	T	s	–
Spannung, elektrische	U	V	–
Spezifische Schmelzwärme	q_{sch}	kJ/kg	–
Spezifische Verdampfungswärme	q_{vd}	kJ/kg	–
Spezifische Wärmekapazität	c	kJ/kg K	–
Spezifischer Leitwert	κ	S/m	1 S/m = 1 m/Ω mm^2
Spezifischer Widerstand	ρ	Ω · mm^2/m	–
Strahlungsleistung, -fluss	Φ_E	W	–
Teilchenzahl, Neutronenzahl	N	1	–
Temperatur	ϑ, T	°C, K	–
Umfang	U	m	–
Umlaufdauer	T	s	–
Volumen	V	m^3	–
Volumenausdehnungskoeffizient	γ	1/K	–
Wärme	Q	J	1 J = 1 Ws
Wärmekapazität	C	J/K	–
Wärmeleitfähigkeit	λ	kJ/m s K	1 kJ/m s K = 1 kW/m K
Weg, Ortsänderung	s	m	–

9.5 Physikalische Größen in alphabetischer Reihenfolge (Fortsetzung)

Name	Bezeichnung	SI-Einheit	Ableitung
Wellenlänge	λ	m	–
Wellenzahl	λ^{-1}	m^{-1}	–
Winkel	$\alpha, \beta, \gamma, \varphi, \psi$	rad	$\text{rad} = \frac{m}{m} = 1$
Winkelgeschwindigkeit	ω	s^{-1}	–
Wirkungsgrad	η	1	–
Wirkleistung	P	W	–
Wirkwiderstand	R	Ω	–
Zeit, Zeitpunkt, Zeitänderung	t	s	–
Zerfallskonstante	λ	1/s	–

9.6 Reibungszahlen

Stoffpaar / Reibungskörper	Haftreibungszahl μ_H	Gleitreibungszahl μ_G	Rollreibungszahl μ_R	Fahrreibungszahl μ_F
Bremsbelag auf Stahl	–	0,4 – 0,6	–	–
Holz auf Holz	≈ 0,5	≈ 0,3	–	–
Kugel- und Nadellager	–	–	≈ 0,001	–
Leder auf Stahl	–	≈ 0,5	–	–
Luftreifen auf Asphalt, trocken	0,55	–	0,015	0,01 – 0,03
Luftreifen auf Asphalt, nass	0,2 – 0,3	–	–	–
Luftreifen auf Asphalt, vereist	≈ 0,1	–	–	–
Luftreifen auf Schotter, gewalzt	0,7	–	≈ 0,1	–
Schienenfahrzeug	–	–	–	≈ 0,002
Stahl auf Eis	≈ 0,03	0,01 – 0,015	–	–
Stahl auf Schnee	≈ 0,04	≈ 0,03	–	–
Stahl auf Stahl	0,1 – 0,3	0,1 – 0,25	≈ 0,005	–

9.7 Dichte von festen, flüssigen und gasförmigen Stoffen

9.7.1 Metalle bei 20 °C

Metall	Dichte: ρ in $\frac{kg}{m^3}$
Aluminium 99,5 %	2702
Blei	11340
Chrom	7190
Duraluminium	2800
Eisen (rein)	7860
Elektron	1800
Gold (rein)	19300
Invar	8000
Iridium	22420
Kadmium	8640

Metall	Dichte: ρ in $\frac{kg}{m^3}$
Kalium	860
Kobalt	8900
Konstantan	8800
Kupfer 99,9 %	8960
Magnesium	1740
Mangan	7430
Messing	≈ 8300
Molybdän	10200
Nickel 99,5 %	8850
Platin	21450

Metall	Dichte: ρ in $\frac{kg}{m^3}$
Quecksilber	13546
Silber	10500
Tantal	16690
Titan	4540
Uran	18950
Vanadium	5690
Wismut	9800
Wolfram	19300
Zink	7140
Zinn	7280

9.7.2 Nichtmetallische Feststoffe

Nichtmetall	Dichte: ρ in $\frac{kg}{m^3}$
Asphalt	≈ 1300
Basalt	2900
Beton	≈ 300 – 2400
Borax	1720
Diamant (C)	3510
Eis (bei 0 °C)	917
Fensterglas	≈ 2600
Fette	≈ 930
Granit	2770
Harz	1070

Nichtmetall	Dichte: ρ in $\frac{kg}{m^3}$
Hölzer:	
Balsa	≈ 130
Buche	≈ 700
Eiche	≈ 900
Nadelholz	≈ 500 – 700
Kalkstein	≈ 2800
Kalzium	1550
Kochsalz	2150
Kork	≈ 300
Marmor	≈ 2700

Nichtmetall	Dichte: ρ in $\frac{kg}{m^3}$
Paraffin	≈ 900
Plexiglas	1200
Porzellan	≈ 2360
Sandstein	≈ 2400
Schwefel	2070
Steinkohle	≈ 1400
Steingut	≈ 2300
Teer	1200
Wachs	≈ 950
Zucker	≈ 1600

9.7.3 Flüssigkeiten bei 20 °C

Flüssigkeit	Dichte: ρ in $\frac{kg}{m^3}$
Aceton	791
Äther	717
Alkohol	791
Benzin	≈ 750
Benzol	879
Flüssige Luft	1300

Flüssigkeit	Dichte: ρ in $\frac{kg}{m^3}$
Glycerin	1260
Leinöl	≈ 930
Meerwasser	1026
Milch	1028
Olivenöl	≈ 913
Petroleum	810

Flüssigkeit	Dichte: ρ in $\frac{kg}{m^3}$
Quecksilber	13546
Spiritus	830
Terpentinöl	855
Wasser bei 20 °C	998
Wasser bei 4 °C	1000
Wasser, schweres	1105

9.7.4 Gase bei Normaldruck 1,01325 bar und 0 °C

Gas	Dichte: ρ in $\frac{kg}{m^3}$
Acetylen	1,1747
Ammoniak	0,7714
Argon	1,7839
Chlor	3,214
Erdgas	≈ 0,65
Helium	0,1785

Gas	Dichte: ρ in $\frac{kg}{m^3}$
Kohlendioxid	1,98
Kohlenmonoxid	1,25
Krypton	3,744
Luft	1,292
Methan	0,7174
Neon	0,9002

Gas	Dichte: ρ in $\frac{kg}{m^3}$
Propan	2,01
Sauerstoff	1,429
Schwefelwasserstoff	1,54
Stickstoff	1,251
Wasserstoff	0,0899
Xenon	5,897

9.8 Schallgeschwindigkeit (Festkörper bei 15 bis 20 °C; Gase unter Normaldruck 1,013 bar)

Stoff		c in $\frac{m}{s}$
Luft	bei – 20 °C	319
Luft	bei 0 °C	331
Luft	bei + 20 °C	344
Luft	bei + 40 °C	355
Leitungswasser	bei 20 °C	1464
Meerwasser	bei 20 °C	1522
Sauerstoff	bei 0 °C	316
Stickstoff	bei 0 °C	334
Wasserstoff	bei 18 °C	1301

Stoff		c in $\frac{m}{s}$
Aluminium		6400
Benzol		1320
Eisen		6000
Glas		4000 – 5950
Gold		3200
Hölzer:	Buche	3400
	Eiche	4310
	Tanne	5260
Kupfer		4700
Leuchtgas		453
Messing		4700

9.9 Größen aus der Wärmelehre

9.9.1 Längenausdehnungskoeffizienten im Bereich von 0 bis 100 °C

Stoff	α in $\frac{1}{K}$
Aluminium	$2{,}38 \cdot 10^{-5}$
Beton	$1{,}2 \cdot 10^{-5}$
Blei	$2{,}9 \cdot 10^{-5}$
Bronze	$1{,}75 \cdot 10^{-5}$
Chrom	$0{,}66 \cdot 10^{-5}$
Eis bei −4 °C	$3{,}7 \cdot 10^{-5}$

Stoff	α in $\frac{1}{K}$
Eisen (rein)	$1{,}2 \cdot 10^{-5}$
Glas (Quarzglas)	$0{,}045 \cdot 10^{-5}$
Gold	$1{,}43 \cdot 10^{-5}$
Kupfer	$1{,}68 \cdot 10^{-5}$
Messing	$1{,}8 \cdot 10^{-5}$
Magnesium	$2{,}6 \cdot 10^{-5}$

Stoff	α in $\frac{1}{K}$
Nickel	$1{,}28 \cdot 10^{-5}$
Platin	$0{,}9 \cdot 10^{-5}$
Silber	$1{,}97 \cdot 10^{-5}$
Wolfram	$0{,}43 \cdot 10^{-5}$
Zink	$2{,}7 \cdot 10^{-5}$
Zinn	$2{,}7 \cdot 10^{-5}$

9.9.2 Volumenausdehnung von Flüssigkeiten (bei 20 °C) und Gasen (von 0 bis 100 °C)

Stoff	γ in $\frac{1}{K}$
Alkohol	$1{,}1 \cdot 10^{-3}$
Benzol	$1{,}2 \cdot 10^{-3}$
Glycerin	$5{,}0 \cdot 10^{-4}$
Olivenöl	$7{,}2 \cdot 10^{-4}$

Stoff	γ in $\frac{1}{K}$
Petroleum	$9{,}6 \cdot 10^{-4}$
Quecksilber	$1{,}8 \cdot 10^{-4}$
Terpentinöl	$9{,}7 \cdot 10^{-4}$
Wasser	$2{,}0 \cdot 10^{-4}$

Stoff	γ in $\frac{1}{K}$
Luft/Sauerstoff	$367 \cdot 10^{-5}$
Wasserdampf	$394 \cdot 10^{-5}$
Wasserstoff	$366 \cdot 10^{-5}$

9.9.3 Spezifische Wärmekapazitäten bei 20 °C

Stoff	c in $\frac{kJ}{kg \cdot K}$
Aluminium	0,896
Alkohol	2,43
Blei	0,129
Beton	0,84
Benzol	1,725
Eis (4 °C)	2,1

Stoff	c in $\frac{kJ}{kg \cdot K}$
Eisen	0,452
Glas (Jenaer)	0,779
Glycerin	2,39
Gold	0,129
Kohlendioxid	0,387
Kupfer	0,383

Stoff	c in $\frac{kJ}{kg \cdot K}$
Luft	1,005
Quecksilber	0,139
Sauerstoff	0,917
Silber	0,235
Wasser	4,182
Wasserdampf	1,84

9.9.4 Schmelztemperaturen

Stoff	ϑ in °C
Alkohol	– 114
Aluminium	660
Blei	327
Cadmium	321
Eis	0
Eisen	1535
Gold	1063

Stoff	ϑ in °C
Helium	– 272
Kohlendioxid	– 56,6
Kohlenstoff	3800
Kupfer	1083
Luft	– 213
Nickel	1453
Platin	1769

Stoff	ϑ in °C
Quecksilber	– 38,9
Sauerstoff	– 219
Silber	961
Stickstoff	– 210
Zink	420
Zinn	232
Wasserstoff	– 259

9.9.5 Siedetemperaturen

Stoff	ϑ in °C
Alkohol	78
Äther	35
Ammoniak	– 33,4
Benzol	80,1
Blei	1750
Eisen	2730

Stoff	ϑ in °C
Glycerin	291
Helium	– 269
Kohlendioxid	– 78,5
Kupfer	2590
Luft	– 193
Meerwasser	104

Stoff	ϑ in °C
Natrium	883
Quecksilber	357
Sauerstoff	– 183
Stickstoff	– 196
Wasser	100
Wasserstoff	– 253

9.9.6 Spezifische Schmelzwärme

Stoff	q_{sch} in $\frac{kJ}{kg}$
Aluminium	397
Äthylalkohol	105
Benzol	127
Blei	23,0
Eisen	277

Stoff	q_{sch} in $\frac{kJ}{kg}$
Glycerin	201
Gold	65,7
Kupfer	205
Nickel	303
Platin	111

Stoff	q_{sch} in $\frac{kJ}{kg}$
Quecksilber	11,8
Silber	105
Zink	111
Zinn	59,6
Wasser	334

9.9.7 Spezifische Verdampfungswärme

Stoff	q_{vd} in $\frac{kJ}{kg}$
Alkohol	854
Benzol	394
Quecksilber	285
Schwefel-Kohlenstoff	352
Toluol	364
Wasser	2256

9.9.8 Heizwerte

Stoff	H in $\frac{kJ}{kg}$
Anthrazit	$\approx 3{,}1 \cdot 10^4$
Benzin	$\approx 4{,}2 \cdot 10^4$
Braunkohle	$\approx 1{,}3 \cdot 10^4$
Brikett	$\approx 1{,}9 \cdot 10^4$
Dieselöl	$\approx 4{,}1 \cdot 10^4$
Heizöl	$\approx 4{,}3 \cdot 10^4$
Holz (trocken)	$\approx 1{,}6 \cdot 10^4$
Koks	$\approx 3{,}0 \cdot 10^4$
Spiritus	$\approx 3{,}0 \cdot 10^4$
Steinkohle	$\approx 3{,}1 \cdot 10^4$
Azetylen	$\approx 5{,}5 \cdot 10^4$
Erdgas	$\approx 4{,}2 \cdot 10^4$
Propangas	$\approx 9{,}0 \cdot 10^4$
Stadtgas	$\approx 2{,}0 \cdot 10^4$
Wasserstoff	$\approx 1{,}1 \cdot 10^4$

9.10 Optische Größen

9.10.1 Brechzahlen (auf Luft bezogen)

Stoff	n
Alkohol	1,36
Benzol	1,5
Diamant	2,42
Fensterglas	1,54
Flintglas	1,61 – 1,8
Kronglas	1,51 – 1,6
Luft	1,0003
Plexiglas	1,49
Quarz	1,54
Schwefelkohlenstoff	1,63
Vakuum	1,0000
Wasser	1,33

9.10.2 Grenzwinkel bei Totalreflexion

Stoff	α_{gz}
Wasser – Luft	48,6°
Benzol – Luft	41,8°
Diamant – Luft	24,4°
Kronglas – Luft	≈ 41°
Benzol – Wasser	62,6°
Kronglas – Wasser	≈ 62°

9.11 Elektrische Größen

9.11.1 Spezifischer Widerstand (bei 20 °C)

Stoff	ρ in $\frac{\Omega \cdot mm^2}{m}$
Aluminium	0,0278
Blei	0,208
Eisen	0,11
Gold	0,022

Stoff	ρ in $\frac{\Omega \cdot mm^2}{m}$
Kohle	0,015
Konstantan	0,50
Kupfer	0,0178
Nickelin (CuNi 30 Mn)	0,43

Stoff	ρ in $\frac{\Omega \cdot mm^2}{m}$
Quecksilber	0,96
Silber	0,0167
Wolfram	0,055
Zinn	0,115

9.11.2 Spezifischer Leitwert oder Leitfähigkeit

Stoff	κ in $\frac{m}{\Omega \cdot mm^2}$
Aluminium	36
Blei	4,8
Eisen	9,1
Gold	45,7

Stoff	κ in $\frac{m}{\Omega \cdot mm^2}$
Kohle	65
Konstantan	2
Kupfer	56
Nickelin	2,5

Stoff	κ in $\frac{m}{\Omega \cdot mm^2}$
Quecksilber	1,06
Silber	60
Wolfram	18,2
Zinn	8,7

9.11.3 Temperaturbeiwert

Stoff	α in $\frac{1}{K}$
Aluminium	$4{,}0 \cdot 10^{-3}$
Blei	$4{,}22 \cdot 10^{-3}$
Eisen	$6{,}57 \cdot 10^{-3}$
Gold	$3{,}98 \cdot 10^{-3}$

Stoff	α in $\frac{1}{K}$
Kohle	$4{,}0 \cdot 10^{-5}$
Kupfer	$3{,}9 \cdot 10^{-5}$
Manganin (CuMn 12 NiAl)	$1{,}0 \cdot 10^{-5}$

Stoff	α in $\frac{1}{K}$
Nickelin (CuNi 30 Mn)	$1{,}5 \cdot 10^{-3}$
Silber	$4{,}1 \cdot 10^{-3}$
Wolfram	$4{,}6 \cdot 10^{-3}$
Zinn	$4{,}63 \cdot 10^{-3}$

9.11.4 Dielektrizitätszahlen

Stoff	ϵ_r
Acrylglas	3,1 ... 3,6
Glas	3 ... 15
Glimmer	4 ... 8
Hartgummi	2,8 ... 5
Hartpapier, harzhaltig	4 ... 8

Stoff	ϵ_r
Isolieröl	2 ... 3
Keramik	5 ... 3000
Luft	1,00059
Paraffin	2 ... 3
Polystyrol	2,5 ... 2,5

Stoff	ϵ_r
Porzellan	5 ... 6
Pressspan	2,5 ... 4
Silicone	2,5 ... 3
Vakuum	1,00000
Wasser, dest., 4 °C	80

9.11.5 Permeabilitätszahlen

Stoff	μ_r
Flussstahl	4 000
Gusseisen	800
Super malloy	800 000
Transformatorenblech	7 500

Stoff	μ_r
Aluminium	1,000 02
Chrom	1,000 27
Eisen (800 °C)	1,15
Luft	1,000 000 37

Stoff	μ_r
Blei	0,999 984
Kupfer	0,999 990
Quecksilber	0,999 970
Wasser	0,999 991

9.12 Umrechnung von Energieeinheiten

	J	kWh	eV
1 J	1	$2{,}778 \cdot 10^{-7}$	$6{,}242 \cdot 10^{18}$
1 kWh	$3{,}600 \cdot 10^{6}$	1	$2{,}247 \cdot 10^{25}$
1 eV	$1{,}602 \cdot 10^{-19}$	$4{,}450 \cdot 10^{-26}$	1

9.13 Astronomische Daten des Sonnensystems

	Mittlerer Bahnradius in 10^6 km	Siderische Umlaufzeit in d	Masse in 10^{24} kg	Äquatorradius in 10^6 m	Gravitations-beschleunigung a.d. Oberfläche in m/s^2	Umdrehungs-dauer in d
Sonne	$25 \cdot 10^{10}$	–	$1{,}985 \cdot 10^6$	695,8	273,6	25,38
Merkur	57,91	87,969	0,3303	2,439	3,78	58,65
Venus	108,20	224,701	4,870	6,051	8,60	243,01
Erde	149,60	365,256	5,976	6,378	9,81	1,00
Mars	227,94	686,980	0,6421	3,393	3,72	1,026
Jupiter	778,33	4.332,71	1.900	71,492	24,88	0,410
Saturn	1.426,98	10.759,5	568,8	60,268	9,05	0,426
Uranus	2.870,99	30.685	86,84	25,559	7,77	0,746
Neptun	4.497,07	60.190	102,4	24,764	11,0	0,800
Pluto	5.913,52	90.800	0,0129	1,150	0,4	6,3872
Erdmond	0,384403	27,322	0,07350	1,738	1,62	27,32

d: dies = Erdtag

9.14 Wellenlängen elektromagnetischer Wellen

Sichtbares Licht		Elektrisch erzeugte Wellen		Optisch erzeugte Wellen	
Farbe:	λ in nm	Bezeichnung:	λ in m	Bezeichnung:	λ
rot	780 – 660	Langwelle	$15 \cdot 10^3 - 1 \cdot 10^3$	UV-Licht	380 nm – 10 nm
orange	660 – 595	Mittelwelle	$1 \cdot 10^3 - 1 \cdot 10^2$	Röntgenstrahlen	10 nm – 10 pm
gelb	595 – 575	Kurzwelle	$1 \cdot 10^2 - 1 \cdot 10^1$	γ-Strahlen	10 pm – 0,1 pm
grün	575 – 490	UKW	$1 \cdot 10^1 - 1 \cdot 10^{-1}$	Komponenten der Höhenstrahlung	< 0,1 pm
blau	490 – 420	Mikrowelle	$1 \cdot 10^{-1} - 1 \cdot 10^{-3}$		
violett	420 – 380				

9.15 Wellenlänge einiger wichtiger Spektrallinien im sichtbaren Bereich in Luft

Element	Wellenlänge in nm	Element	Wellenlänge in nm
Calcium	657,3 422,7	Natrium	589,6 589,0
Helium	587,6 501,6 471,3 447,1 412,1 402,6 396,5	Quecksilber	579,1 577,0 546,1 491,6 435,8 407,8 404,7
Kalium	769,9 766,5 404,7	Wasserstoff	656,3 486,1 434,0 410,2 397,0
Lithium	670,8		
Magnesium	457,1		

9.16 Austrittsarbeit und Grenzwellenlänge für den äußeren lichtelektrischen Effekt einiger Metalle

Metall	Austrittsarbeit W in eV	Grenzwellenlänge λ_g in nm
Barium	2,52	492
Beryllium	3,92	316
Calcium	3,20	387
Caesium	1,94	639
Gold	4,83	256
Kalium	2,25	551
Kupfer	4,48	277
Lithium	2,46	504
Magnesium	3,70	335
Natrium	2,28	543
Platin	5,66	219
Rubidium	2,13	582
Wolfram	4,57	271
Zink	4,34	285

9.17 Halbwertsdicke $D_{1/2}$ verschiedener Materialien in Abhängigkeit von der Energie E von γ-Strahlen

Energie E in MeV	Halbwertsdicke $D_{1/2}$ in 10^{-2} m für die Absorber				
	Aluminium	Blei	Eisen	Luft	Wasser
0,010	0,00983	0,000431	0,000490	108	0,134
0,050	0,730	0,00720	0,0465	$2{,}65 \cdot 10^3$	3,14
0,100	1,52	0,011	0,238	$3{,}47 \cdot 10^3$	4,05
1,00	4,20	0,869	1,47	$8{,}44 \cdot 10^3$	9,51
1,50	5,13	1,17	1,81	$10{,}4 \cdot 10^3$	12,1
3,00	7,30	1,46	2,44	$12{,}1 \cdot 10^3$	17,5
6,00	9,72	1,41	2,89	$21{,}3 \cdot 10^3$	25,1
10,0	11,2	1,26	2,97	$26{,}5 \cdot 10^3$	31,5

9.18 Zerfall natürlicher Radionuklide

9.18.1 Zerfallsreihen

Thorium Reihe

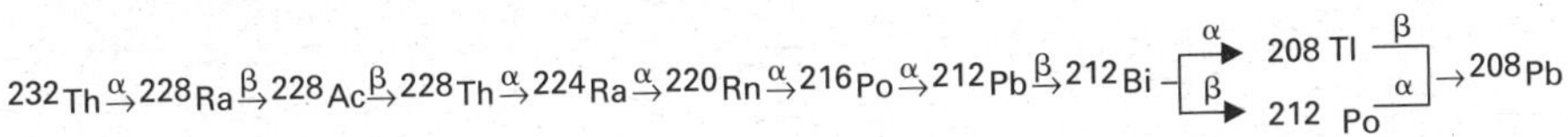

Uran-Radium-Reihe

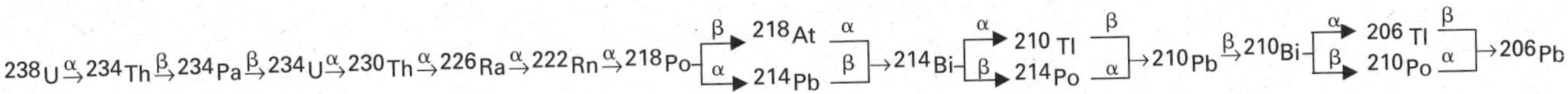

Uran-Actinium-Reihe

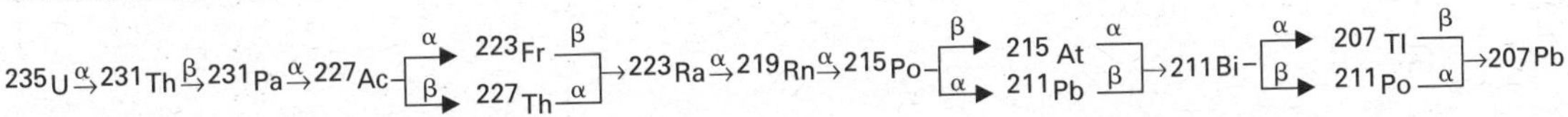

9.18.2 Zerfallsart, Energie der Strahlung, Halbwertszeit

Thorium-Reihe

Nuklid	Zerfall	Maximalenergie E der Teilchen in MeV	häufigste Energie E der γ-Strahlung in MeV	Halbwertszeit $T_{1/2}$
Th 232	α	4,013	0,064	$1{,}405 \cdot 10^{10}$ a
Ra 228	β	0,04	0,014	5,75 a
Ac 228	β	2,1	0,911	6,13 h
Th 228	α	5,423	0,084	1,913 a
Ra 224	α	5,6854	0,241	3,66 d
Rn 220	α	6,288	0,550	55,6 s
Po 216	α	6,7783	0,805	0,15 s
Pb 212	β	0,6	0,239	10,64 h
Bi 212	α	6,090	0,727	60,60 m
	β	2,3		
Po 212	α	8,785	–	$3 \cdot 10^{-7}$ s
Tl 208	β	2,4	2,615	3,053 m
Pb 208	stabil			

a (annum): Jahr
d (dies): Tag
h (hora): Stunde
m: Minute
s: Sekunde
...: bekannte Energie; Häufigkeit kleiner als 1 %

Uran-Radium-Reihe

Nuklid	Zerfall	Maximalenergie E der Teilchen in MeV	häufigste Energie E der γ-Strahlung in MeV	Halbwertszeit $T_{1/2}$
U 238	α	4,198	0,050	$4{,}468 \cdot 10^9$ a
Th 234	β	0,2	0,063	24,10 d
Pa 234	β	2,3	1,001	1,17 m
U 234	α	4,775	0,053	$2{,}455 \cdot 10^5$ a
Th 230	α	4,687	0,068	$7{,}54 \cdot 10^4$ a
Ra 226	α	4,7843	0,186	1600 a
Rn 222	α	5,48948	0,510	3,825 d
Po 218	α β	6,0024 …	–	3,05 m
Pb 214	β	1,0	0,352	26,8 m
At 218	α	6,694	–	2 s
Bi 214	α β	5,513 3,3	0,609	19,9 m
Po 214	α	7,6869	0,800	$1{,}64 \cdot 10^{-4}$ s
Tl 210	β	2,3	0,800	1,30 m
Pb 210	β	0,06	0,047	22,3 a
Bi 210	α β	4,686 1,2	0,305	5,013 d
Tl 206	β	1,5	0,803	4,20 m
Po 210	α	5,30438	0,803	138,38 d
Pb 206	stabil			

a (annum): Jahr
d (dies): Tag
h (hora): Stunde
m: Minute
s: Sekunde
…: bekannte Energie; Häufigkeit kleiner als 1 %

Uran-Actinium-Reihe

Nuklid	Zerfall	Maximalenergie E der Teilchen in MeV	häufigste Energie E der γ-Strahlung in MeV	Halbwertszeit $T_{1/2}$
U 235	α	4,398	0,186	$7{,}038 \cdot 10^{8}$ a
Th 231	β	0,4	0,026	25,5 h
Pa 231	α	5,028	0,027	$3{,}276 \cdot 10^{4}$ a
Ac 227	α β	4,953 0,04	0,100	21,773 a
Th 227	α	6,038	0,236	18,72 d
Fr 223	β	1,1	0,050	21,8 m
Ra 223	α	5,7162	0,269	11,43 d
Rn 219	α	6,819	0,271	3,96 s
Po 215	α β	7,3862 ...	0,439	$1{,}78 \cdot 10^{-3}$ s
Pb 211	β	1,4	0,405	36,1 m
At 215	α	8,026	0,405	$1{,}0 \cdot 10^{-4}$ s
Bi 211	α β	6,6229 ...	0,351	2,17 m
Po 211	α	7,450	0,898	0,516 s
Tl 207	β	1,4	0,898	4,77 m
Pb 207	stabil			

a (annum): Jahr
d (dies): Tag
h (hora): Stunde
m: Minute
s: Sekunde
...: bekannte Energie; Häufigkeit kleiner als 1 %

9.19 Kernmasse und Bindungsenergie einiger Elemente

Kern	gemessene Kernmasse m_K in u	Bindungsenergie je Nukleon E_B/A in MeV
$^{2}_{1}$D Deuterium	2,013 553 2	1,112
$^{3}_{1}$T Tritium	3,015 500 7	2,827
$^{3}_{2}$He Helium	3,014 932 1	2,573
$^{4}_{2}$He	4,001 506 1	7,074
$^{6}_{3}$Li Lithium	6,013 475 7	5,333
$^{7}_{3}$Li	7,014 357 3	5,606
$^{8}_{3}$Li	8,020 841 5	5,160
$^{7}_{4}$Be Beryllium	7,014 734 0	5,372
$^{9}_{4}$Be	9,009 987 9	6,463
$^{10}_{5}$B Bor	10,010 194 0	6,475
$^{11}_{5}$B	11,006 562 5	6,928
$^{12}_{6}$C Kohlenstoff	11,996 708 5	7,680
$^{14}_{6}$C	13,999 950 5	7,561
$^{14}_{7}$N Stickstoff	13,999 233 9	7,476
$^{16}_{8}$O Sauerstoff	15,990 526 0	7,976
$^{17}_{8}$O	16,994 742 6	7,751
$^{18}_{9}$F Fluor	17,996 000 2	7,632
$^{19}_{9}$F	18,993 466 0	7,779
$^{22}_{10}$Ne Neon	21,985 897 3	8,081

Kern	gemessene Kernmasse m_K in u	Bindungsenergie je Nukleon E_B/A in MeV
$^{89}_{36}$Kr Krypton	88,897 891	8,617
$^{94}_{37}$Rb Rubidium	93,906 135	8,492
$^{140}_{55}$Cs Caesium	139,887 084	8,315
$^{144}_{56}$Ba Barium	143,892 119	8,266
$^{207}_{82}$Pb Blei	206,930 888	7,870
$^{222}_{86}$Rn Radon	221,970 393	7,695
$^{226}_{88}$Ra Radium	225,977 128	7,662
$^{231}_{90}$Th Thorium	230,986 926	7,620
$^{235}_{92}$U Uran	234,993 455	7,591

9.20 Atomphysikalische Daten chemischer Elemente (Auswahl)

S: Elementsymbol
Z: Ordnungszahl
A: Massenzahl
A_r: relative Atommasse
...: bekannte Energie, Häufigkeit kleiner als 1 %.

ZA: Zerfallsart des instabilen Nuklids
st: stabiles Nuklid
E_{kin}: Maximalenergie in MeV bei α, β (=β^-), β^+-Übergang
E_γ: Energie in MeV des häufigsten γ-Quants
$T_{1/2}$: Halbwertszeit des instabilen Nuklids

s: Sekunde
h: Stunde
a: Jahr
m: Minute
d: Tag

Element	**S**	**Z**	**A**	A_r	**ZA**	E_{kin} **in** MeV	E_γ **in** MeV	$T_{1/2}$
Actinium	Ac	89		227,027 8				
			225	225,023 22	α	5,830	0,100	10,0 d
			227	227,027 747	α/β	4,953/0,04	0,100	21,773 a
			228	228,031 015	β	2,1	0,911	6,13 h
Aluminium	Al	13		26,981 539				
			25	24,990 429	β^+	3,3	1,612	7,18 s
			27	26,981 538	st			
			28	27,981 910	β	2,9	1,779	2,246 m
Americium	Am	95		–				
			241	241,056 822	α	5,486	0,060	432,2 a
			243	243,061 372	α	5,275	0,075	7370 a
Antimon	Sb	51		121,760				
			121	120,903 818	st			
			123	122,904 216	st			
			124	123,905 938	β	2,3	0,603	60,3 d
Argon	Ar	18		39,948				
			35	34,975 257	β	4,9	1,219	1,78 s
			36	35,967 546	st			
			38	37,962 732	st			
			40	39,962 383	st			
Arsen	As	33		74,921 60				
			75	74,921 596	st			
			76	75,922 394	β	3,0	0,559	26,4 h

Element	S	Z	A	A_r	ZA	E_{kin} in MeV	E_γ in MeV	$T_{1/2}$
Astat	At	85		209,987				
			215	214,998 641	α	8,026	0,405	0,1 ms
			217	217,004 710	α	7,069	0,259	32,3 ms
			218	218,008 681	α	6,694	-	2 s
Barium	Ba	56		137,327				
			130	129,906310	st			
			132	131,905 056	st			
			134	133,904 503	st			
			135	134,905 683	st			
			136	135,904 570	st			
			137	136,905 821	st			
			138	137,905 241	st			
			144	143,922 940	β	2,9	0,104	11,5 s
Berkelium	Bk	97		–				
			247	247,070 299	α	5,710	0,084	1380 a
			249	249,074 980	α/β	5,419/0,1	0,327	320 d
Beryllium	Be	4		9,012 182				
			9	9,012 182	st			
			11	11,021 658	β	11,5	2,125	13,8 s
Bismutum/ Wismut	Bi	83		208,980 37				
			209	208,980 383	st			
			210	209,984 105	α/β	4,946/1,2	0,266/0,305	$3{,}0 \cdot 10^6$ a/5,013 d
			211	210,987 258	α/β	6,6229/...	0,351	2,17 m
			212	211,991 272	α/β	6,090/2,3	0,727	60,60 m
			213	212,994 375	α/β	5,87/1,4	0,440	45,59 m
			214	213,998 699	α/β	5,513/3,3	0,609	19,9 m
Blei	Pb	82		207,2				
			204	203,973 029	st			
			206	205,974 449	st			
			207	206,975 881	st			
			208	207,976 636	st			
			209	208,981 075	β	0,6	–	3,253 h
			210	209,984 173	β	0,06	0,047	22,3 a
			211	210,988 731	β	1,4	0,405	36,1 m
			212	211,991 888	β	0,6	0,239	10,64 h
			214	213,999 798	β	1,0	0,352	26,8 m
Bohrium	Bh	107		–				
			264	264,124 73	α	9,62	–	≈ 440 ms

Element	S	Z	A	A_r	ZA	E_{kin} in MeV	E_γ in MeV	$T_{1/2}$
Bor	B	5		10,811				
			10	10,012 937	st			
			11	11,009 305	st			
Brom	Br	35		79,904				
			79	78,918 337	st			
			81	80,916 291	st			
			87	86,920 711	β	6,8	1,420	55,7 s
Cadmium	Cd	48		112,411				
			106	105,906 458	st			
			108	107,904 183	st			
			110	109,903 006	st			
			111	110,904 182	st			
			112	111,902 757	st			
			113	112,904 400	st			
			114	113,903 358	st			
			116	115,904 755	st			
			117	116,907 218	β	0,7	1,997	3,31 h
Caesium	Cs	55		132,905 43				
			133	132,905 447	st			
			135	134,905 972	β	0,2	–	$2 \cdot 10^6$ a
			137	136,907 084	β	1,2	–	30,17 a
			140	139,917 277	β	6,2	0,602	63,7 s
Calcium	Ca	20		40,078				
			40	39,962 591	st			
			42	41,958 618	st			
			43	42,958 766	st			
			44	43,955 481	st			
			45	44,956 190	β	0,3	0,012	163 d
			46	45,953 692	st			
			48	47,952 534	st			
Californium	Cf	98		–				
			249	249,074 847	α	5,812	0,388	350,6 a
			250	250,076 400	α	6,030	0,043	13,08 a
			251	251,079 580	α	6,012	0,177	898 a
			252	252,081 620	α	6,118	0,043	2,645 a

Element	S	Z	A	A_r	ZA	E_{kin} in MeV	E_γ in MeV	$T_{1/2}$
Cer	Ce	58		140,115				
			136	135,907 140	st			
			138	137,905 986	st			
			140	139,905 434	st			
			142	141,909 240	st			
			143	142,912 33	β	1,4	0,293	33,0 h
Chlor	Cl	17		35,452 7				
			35	34,968 852	st			
			37	36,965 902	st			
			38	37,968 005	β	4,9	2,168	37,18 m
Chrom	Cr	24		51,996 1				
			50	49,946 049	st			
			52	51,940 511	st			
			53	52,940 653	st			
			54	53,938 884	st			
			55	54,940 833	β	2,6	1,528	3,50 m
Cobalt	Co	27		58,933 20				
			59	58,933 200	st			
			60	59,933 813	β	1,5	1,332	5,272 a
Curium	Cm	96		–				
			243	243,061 382	α	5,785	0,278	29,1 a
			244	244,062 746	α	5,805	0,043	18,10 a
Dubnium	Db	105		–				
			262	262,114 15	α	8,63	–	34 s
Dysprosium	Dy	66		162,50				
			156	155,924 278	st			
			158	157,924 405	st			
			160	159,925 194	st			
			161	160,926 930	st			
			162	161,926 795	st			
			163	162,928 728	st			
			164	163,929 171	st			
Einsteinium	Es	99						
			252	252,082 970	α	6,631	0,785	471,7 d

Element	S	Z	A	A_r	ZA	E_{kin} in MeV	E_γ in MeV	$T_{1/2}$
Eisen	Fe	26		55,845				
			54	53,939 614	st			
			56	55,934 942	st			
			57	56,935 398	st			
			58	57,933 280	st			
			59	58,934 878	β	1,6	1,099	44,503 d
Erbium	Er	68		167,26				
			162	161,928 775	st			
Europium	Eu	63		151,965				
			151	150,919 846	st			
Fermium	Fm	100		–				
			257	257,095 099	α	6,520	0,242	100,5 d
Fluor	F	9		18,998 403				
			18	18,000 937	$β^+$	0,6	–	109,7 m
			19	18,998 403	st			
Francium	Fr	87		223,020				
			221	221,014 246	α	6,341	0,218	4,9 m
			223	223,019 730	β	1,1	0,050	21,8 m
Gadolinium	Gd	64		157,25				
			152	151,919 788	st			
			154	153,920 862	st			
			155	154,922 619	st			
			156	155,922 120	st			
			157	156,923 957	st			
			158	157,924 101	st			
			160	159,927 051	st			
Gallium	Ga	31		69,723				
			69	68,925 581	st			
			71	70,924 705	st			
Germanium	Ge	32		72,61				
			70	69,924250	st			
			72	71,922 076	st			
			73	72,923 459	st			
			74	73,921 178	st			
			76	75,921 402	st			

Element	S	Z	A	A_r	ZA	E_{kin} in MeV	E_{γ} in MeV	$T_{1/2}$
Gold	Au	79		196,966 54				
			197	196,966 552	st			
			198	197,968 231	β	1,4	0,412	2,6943 d
Hafnium	Hf	72		178,49				
			174	173,940 040	st			
			176	175,941 401	st			
Hassium	Hs	108		–				
			269	269,134 11	α	9,23	–	9,3 s
Helium	He	2		4,002 602				
			3	3,016 029	st			
			4	4,002 603	st			
			6	6,018 893	β	3,5	–	806,7 ms
Holmium	Ho	67		164,930 32				
			165	164,930 319	st			
Indium	In	49		114,818				
			113	112,904 061	st			
			115	114,903 878	st			
			116	115,905 260	β	1,0	1,294	54 m
						3,3	1,294	14 s
Iod	I	53		126,904 47				
			127	126,904 468	st			
			128	127,905 805	β	2,1	0,443	25,0 m
			131	130,906 124	β	0,8	0,364	8,02 d
			141	140,934 83	β	…	0,579	0,43 s
Iridium	Ir	77		192,217				
			191	190,960 591	st			
			193	192,962 924	st			
Kalium	K	19		39,098 3				
			39	38,963 706	st			
			40	39,963 998	β	1,3	1,461	$1,28 \cdot 10^9$ a
			41	40,961 825	st			
			42	41,962 403	β	3,5	1,525	12,36 h
Kohlenstoff	C	6		12,010 7				
			12	12,000 000	st			
			13	13,003 355	st			
			14	14,003 242	β	0,2	–	5730 a

Element	S	Z	A	A_r	ZA	E_{kin} in MeV	E_γ in MeV	$T_{1/2}$
Krypton	Kr	36		83,80				
			78	77,920 386	st			
			80	79,916 378	st			
			82	81,913 484	st			
			83	82,914136	st			
			84	83,911 507	st			
			86	85,910 610	st			
			89	88,917 630	β	4,9	0,221	3,18 m
Kupfer	Cu	29		63,546				
			63	62,929 601	st			
			65	64,927 793	st			
			66	65,928 871	β	2,6	1,039	5,1 m
Lanthan	La	57		138,905 5				
			138	137,907 107	st			
			139	138,906 348	st			
			145	144,921 640	β	4,1	0,070	24,8 s
Lawrencium	Lr	103		–				
			260	260,105 3	α	8,03	–	3 m
Lithium	Li	3		6,941				
			6	6,015 122	st			
			7	7,016 004	st			
			8	8,022 487	β	12,5	–	840,3 ms
Lutetium	Lu	71		174,967				
			175	174,940 767	st			
			176	175,942 682	st			
Magnesium	Mg	12		24,305 0				
			24	23,985 041	st			
			25	24,985 837	st			
			26	25,982 593	st			
Mangan	Mn	25		54,938 05				
			55	54,938 049	st			
Meitnerium	Mt	109		–				
			268	268,138 82	α	10,24	–	70 ms

Element	S	Z	A	A_r	ZA	E_{kin} in MeV	E_γ in MeV	$T_{1/2}$
Mendelevium	Md	101		–				
			258	258,098 425	α	6,763	0,369	51,5 d
Molybdaen	Mo	42		95,94				
			92	91,906 810	st			
			94	93,905 087	st			
			95	94,905 841	st			
			96	95,904 678	st			
			97	96,906 021	st			
			98	97,905 407	st			
			100	99,907 477	st			
Natrium	Na	11		22,989 768				
			22	20,994434	β^+	1,8	1,275	2,603 a
			23	23,989 769	st			
			24	23,990 962	β	1,4	2,754	14,96 h
Neodym	Nd	60		144,24				
			142	141,907 719	st			
			143	142,909 810	st			
			144	143,910 083	st			
			145	144,912 569	st			
			146	145,913 112	st			
			148	147,916 889	st			
			150	149,920 887	st			
Neon	Ne	10		20,179 7				
			20	19,992 440	st			
			21	20,993 846	st			
			22	21,991 385	st			
Neptunium	Np	93		–				
			237	237,048 167	α	4,790	0,029	$2{,}144 \cdot 10^6$ a
			239	239,052 931	β	0,7	0,106	2,355 d
Nickel	Ni	28		58,693 4				
			58	57,935 347	st			
			60	59,930 790	st			
			61	60,931 060	st			
			62	61,928 348	st			
			64	63,927 969	st			
Niob	Nb	41		92,906 38				
			93	92,906 377	st			

Element	S	Z	A	A_r	ZA	E_{kin} in MeV	E_γ in MeV	$T_{1/2}$
Nobelium	No	102		–				
			259	259,101 02	α	7,581	–	58 m
Osmium	Os	76		190,23				
			184	183,952 491	st			
			186	185,953 838	st			
			187	186,955 747	st			
			188	187,955 836	st			
			189	188,958 144	st			
			190	189,958 445	st			
			192	191,961 479	st			
Palladium	Pd	46		106,42				
			102	101,905 608	st			
			104	103,904 035	st			
			105	104,905 084	st			
			106	105,903 483	st			
			108	107,903 894	st			
			110	109,905 152	st			
Phosphor	P	15		30,973 762				
			31	30,973 761	st			
			32	31,973 910	β	1,7	–	14,26 d
Platin	Pt	78		195,08				
			190	189,959 930	st			
			192	191,961 035	st			
			194	193,962 664	st			
			195	194,964 774	st			
			196	195,964 935	st			
			198	197,967 876	st			
Plutonium	Pu	94		–				
			238	238,049 553	α	5,499	0,043	87,74 a
			239	239,052 156	α	5,157	0,052	$2{,}411 \cdot 10^4$ a
			240	240,053 807	α	5,168	0,045	6563 a
			241	241,056 845	β	0,02	0,149	14,35 a
Polonium	Po	84		–				
			210	209,982 857	α	5,304 38	0,803	138,38 d
			211	210,986 657	α	7,450	0,898	0,516 s

Element	S	Z	A	A_r	ZA	E_{kin} in MeV	E_γ in MeV	$T_{1/2}$
Polonium			212	211,988 866	α	8,785	–	0,3 μs
			213	212,992 83	α	8,376	0,779	4,2 μs
			214	213,995 201	α	7,686 9	0,800	164 μs
			215	214,999 42	α	7,386 2	0,439	1,78 ms
			216	216,001 86	α	6,778 3	0,805	0,15 s
			218	218,008 93	α	6,002 4	–	3,05 m
Praseodym	Pr	59		140,907 65				
			141	140,907 648	st			
Promethium	Pm	61		–				
			147	146,915 134	β	0,2	0,121	2,62 a
Protactinium	Pa	91		231,035 88				
			231	231,035 878	α	5,028	0,027	$3{,}276 \cdot 10^4$ a
			233	233,040 240	β	0,6	0,312	27,0 d
Quecksilber	Hg	80		200,59				
			196	195,965 815	st			
			198	197,966 752	st			
			199	198,968 262	st			
			200	199,968 309	st			
			201	200,970 285	st			
			202	201,970 626	st			
			204	203,973 476	st			
			205	204,976 056	β	1,5	0,204	5,2 m
Radium	Ra	88		226,025 4				
			223	223,018 497	α	5,716 2	0,269	11,43 d
			224	224,020 202	α	5,685 4	0,241	3,66 d
			225	225,023 604	β	0,4	0,040	14,8 d
			226	226,025 402	α	4,784 3	0,186	1600 a
			228	228,031 064	β	0,04	0,014	5,75 a
Radon	Rn	86		–				
			219	219,009 475	α	6,819	0,271	3,96 s
			220	220,011 384	α	6,288	0,550	55,6 s
			222	222,017 570	α	5,489 48	0,510	3,825 d
Rhenium	Re	75		186,207				
			185	184,952 955	st			
			187	186,955 750	st			

Element	S	Z	A	A_r	ZA	E_{kin} in MeV	E_γ in MeV	$T_{1/2}$
Rhodium	Rh	45		102,905 50				
			103	102,905 504	st			
Rubidium	Rb	37		85,467 8				
			85	84,911 789	st			
			87	86,909 183	st			
			94	93,926 407	β	7,9	0,837	2,69 s
Ruthenium	Ru	44		101,07				
			96	95,907 598	st			
			98	97,905 287	st			
			99	98,905 939	st			
			100	99,904 219	st			
			101	100,905 582	st			
			102	101,904 349	st			
			104	103,905 430	st			
Rutherfordium	Rf	104		–				
			261	261,108 75	st	8,28	–	78 s
Samarium	Sm	62		150,36				
			144	143,911 995	st			
			147	146,914 893	st			
			148	147,914 818	st			
			149	148,917 180	st			
			150	149,917 271	st			
			152	151,919 728	st			
			154	153,922 205	st			
Sauerstoff	O	8		15,999 4				
			16	15,994 914	st			
			17	16,999 131	st			
			18	17,999 160	st			
			19	19,003 578	β	4,7	0,197	27,1 s
Scandium	Sc	21		44,955 910				
			45	44,955 910	st			
Schwefel	S	16		32,066				
			32	31,972 070	st			
			33	32,971 458	st			
			34	33,967 866	st			
			35	34,967 865	β	0,2	–	87,5 d
			36	35,967 080	st			

Element	S	Z	A	A_r	ZA	E_{kin} in MeV	E_γ in MeV	$T_{1/2}$
Seaborgium	Sg	106		–				
			266	266,121 93	α	8,77	–	21 s
Selen	Se	34		78,96				
			74	73,922 476	st			
			76	75,919 214	st			
			77	76,919 914	st			
			78	77,917 309	st			
			80	79,916 521	st			
			82	81,916 700	st			
Silber	Ag	47		107,868 2				
			107	106,905 093	st			
			108	107,905 949	β	1,7	0,633	2,41 m
			109	108,904 756	st			
Silicium	Si	14		28,085 5				
			28	27,976 926	st			
			29	28,976 494	st			
			30	29,973 770	st			
			31	30,975 349	β	1,5	1,266	2,62 h
Stickstoff	N	7		14,006 74				
			14	14,003 074	st			
			15	15,000 108	st			
Strontium	Sr	38		87,62				
			84	83,913 425	st			
			86	85,909 262	st			
			87	86,908 879	st			
			88	87,905 614	st			
			90	89,907 738	β	0,5	–	28,64 a
			93	92,914 022	β	3,4	0,590	7,45 m
Tantal	Ta	73		180,947 9				
			180	179,947 466	st			
			181	180,947 996	st			
Technetium	Tc	43						
			97	96,906 365	st			
			98	97,907 216	β	0,4	0,745	$4{,}2\ 10^6$ a
			99	98,906 254	st			

Element	S	Z	A	A_r	ZA	E_{kin} in MeV	E_γ in MeV	$T_{1/2}$
Tellur	Te	52		127,60				
			120	119,904 020	st			
			122	121,903 047	st			
			123	122,904 273	st			
			124	123,902 819	st			
			125	124,904 425	st			
			126	125,903 306	st			
			127	126,905 217	β	0,7	0,418	9,35 h
			128	127,904 461	st			
			129	128,906 596	β	1,5	0,028	69,6 m
			130	129,906 223	st			
Terbium	Tb	65		158,925 34				
			159	158,925 343	st			
Thallium	Tl	81		204,383 3				
			203	202,972 329	st			
			205	204,974 412	st			
			206	205,976 104	β	1,5	0,803	4,20 m
			207	206,977 408	β	1,4	0,898	4,77 m
			208	207,982 005	β	2,4	2,615	3,053 m
			209	208,985 349	β	1,8	1,567	2,16 m
			210	209,990 066	β	2,3	0,800	1,30 m
Thorium	Th	90		232,038 1				
			227	227,027 699	α	6,038	0,111	18,72 d
			228	228,028 731	α	5,423	0,084	1,913 a
			229	229,031 755	α	4,901	0,194	7880 a
			230	230,033 126	α	4,678	0,068	$7{,}54 \cdot 10^4$ a
			231	231,036 297	β	0,4	0,026	25,5 h
			232	232,038 050	α	4,013	0,064	$1{,}405 \cdot 10^{10}$ a
			234	234,043 595	β	0,2	0,063	24,10 d
Thulium	Tm	69		168,934 21				
			169	168,934 211	st			

Element	S	Z	A	A_r	ZA	E_{kin} in MeV	E_γ in MeV	$T_{1/2}$
Titan	Ti	22		47,867				
			46	45,952 629	st			
			47	46,951 763	st			
			48	47,947 947	st			
			49	48,947 870	st			
			50	49,944 792	st			
Ununnilium/Uun		110		–				
Unununium/Uuu		111		–				
Uran	U	92		238,028 9				
			233	233,039 628	α	4,824	0,042	$1{,}592 \cdot 10^5$ a
			234	234,040 945	α	4,775	0,053	$2{,}455 \cdot 10^5$ a
			235	235,043 923	α	4,398	0,186	$7{,}038 \cdot 10^8$ a
			236	236,045 561	α	4,494	0,049	$2{,}342 \cdot 10^7$ a
			238	238,050782	α	4,198	0,050	$4{,}468 \cdot 10^9$ a
Vanadium	V	23		50,941 5				
			50	49,947 162	st			
			51	50,943 963	st			
Wasserstoff	H	1		1,007 94				
			1	1,007 825	st			
	D		2	2,014 102	st			
	T		3	3,016 049	β	0,02	–	12,323 a
Wismut/ s. Bismutum								
Wolfram	W	74		183,84				
			180	179,946 706	st			
			182	181,948 206	st			
			183	182,950 224	st			
			184	183,950 932	st			
			185	184,953 420	β	0,4	0,125	75,1 d
			186	185,954 362	st			
Xenon	Xe	54		131,293				
			124	123,905 895	st			
			126	125,904 269	st			
			128	127,903 530	st			
			129	128,904 779	st			
			130	129,903 507	st			
			131	130,905 081	st			
			132	131,904 154	st			

Element	S	Z	A	A_r	ZA	E_{kin} in MeV	E_γ in MeV	$T_{1/2}$
Xenon			134	133,905 394	st			
			136	135,907 220	st			
			140	139,921 640	β	2,6	0,806	13,6 s
Ytterbium	Yb	70		173,04				
			168	167,933 894	st			
			170	169,934 759	st			
			171	170,936 322	st			
			172	171,936 377	st			
			173	172,938 206	st			
			174	173,938 858	st			
			176	175,942 568	st			
Yttrium	Y	39		88,905 85				
			89	88,905 847	st			
			95	94,912 824	β	4,4	0,954	10,3 m
Zink	Zn	30		65,39				
			64	63,929 146	st			
			66	65,926 036	st			
			67	66,927 130	st			
			68	67,924 847	st			
			70	69,925 325	st			
Zinn	Sn	50		118,710				
			112	111,904 821	st			
			114	113,902 782	st			
			115	114,903 346	st			
			116	115,901 744	st			
			117	116,902 954	st			
			118	117,901 606	st			
			119	118,903 309	st			
			120	119,902 196	st			
			122	121,903 440	st			
			124	123,905 274	st			
Zirconium	Zr	40		91,224				
			90	89,904 703	st			
			91	90,905 645	st			
			92	91,905 040	st			
			94	93,906 315	st			
			96	95,908 276	st			

9.21 Periodensystem der Elemente

Werte in runder Klammer geben die Massenzahl an.

Periode	Hauptgruppen		Nebengruppen						
	I	II	IIIa	IVa	Va	VIa	VIIa		VIIIa
1	1 **H** Wasserstoff 1,00794								
2	3 **Li** Lithium 6,941	4 **Be** Beryllium 9,0122							
3	11 **Na** Natrium 22,9898	12 **Mg** Magnesium 24,305							
4	19 **K** Kalium 39,098	20 **Ca** Calcium 40,08	21 **Sc** Scandium 44,956	22 **Ti** Titan 47,88	23 **V** Vanadium 50,942	24 **Cr** Chrom 51,996	25 **Mn** Mangan 54,9381	26 **Fe** Eisen 55,847	27 **Co** Kobalt 58,933
5	37 **Rb** Rubidium 85,468	38 **Sr** Strontium 87,62	39 **Y** Yttrium 88,906	40 **Zr** Zirkon 91,22	41 **Nb** Niob 92,906	42 **Mo** Molybdän 95,94	43 **Tc** Technetium 99	44 **Ru** Ruthenium 101,07	45 **Rh** Rhodium 102,905
6	55 **Cs** Cäsium 132,905	56 **Ba** Barium 137,33	57–71 Lanthaniden s. unten 1)	72 **Hf** Hafnium 178,49	73 **Ta** Tantal 180,948	74 **W** Wolfram 183,85	75 **Re** Rhenium 186,2	76 **Os** Osmium 190,2	77 **Ir** Iridium 192,22
7	87 **Fr** Francium 223	88 **Ra** Radium 226,03	89–101 Actiniden s. unten 2)						

1) Lanthaniden

57 **La** Lanthan 138,91	58 **Ce** Cer 140,12	59 **Pr** Praseodym 140,908	60 **Nd** Neodym 144,24	61 **Pm** Promethium 145	62 **Sm** Samarium 150,36	63 **Eu** Europium 151,96	64 **Gd** Gadolinium 157,25

2) Actiniden

89 **Ac** Actinium 227,03	90 **Th** Thorium 232,038	91 **Pa** Protactinium 231,04	92 **U** Uran 238,03	93 **Np** Neptunium 237,05	94 **Pu** Plutonium (244)	95 **Am** Americium (243)	96 **Cm** Curium (247)

Hauptgruppen				Nebengruppen				
	Ia	Ib	III	IV	V	VI	VII	0
								2 **He** Helium 4,0026
			5 **B** Bor 10,81	6 **C** Kohlenstoff 12,01115	7 **N** Stickstoff 14,0067	8 **O** Sauerstoff 15,9994	9 **F** Fluor 18,9994	10 **Ne** Neon 20,183
			13 **Al** Aluminium 26,982	14 **Si** Silicium 28,086	15 **P** Phosphor 30,9738	16 **S** Schwefel 32,06	17 **Cl** Chlor 35,453	18 **Ar** Argon 39,948
28 **Ni** Nickel 58,69	29 **Cu** Kupfer 63,54	30 **Zn** Zink 65,38	31 **Ga** Gallium 69,72	32 **Ge** Germanium 72,59	33 **As** Arsen 74,9216	34 **Se** Selen 78,96	35 **Br** Brom 79,909	36 **Kr** Krypton 83,8
46 **Pd** Palladium 106,42	47 **Ag** Silber 107,87	48 **Cd** Cadmium 112,41	49 **In** Indium 114,82	50 **Sn** Zinn 118,69	51 **Sb** Antimon 121,75	52 **Te** Tellur 127,60	53 **J** Jod 126,9044	54 **Xe** Xenon 131,3
78 **Pt** Platin 195,08	79 **Au** Gold 196,967	80 **Hg** Quecksilber 200,59	81 **Tl** Thalium 204,38	82 **Pb** Blei 207,19	83 **Bi** Wismut 208,98	84 **Po** Polonium (209)	85 **At** Astat 210	86 **Rn** Radon 222

65 **Tb** Terbium 158,92	66 **Dy** Dysprosium 162,50	67 **Ho** Holmium 164,93	68 **Er** Erbium 167,26	69 **Tm** Thulium 168,934	70 **Yb** Ytterbium 173,04	71 **Lu** Lutetium 174,97

97 **Bk** Berkelium (247)	98 **Cf** Californium (251)	99 **Es** Einsteinium (252)	100 **Fm** Fermium (257)	101 **Md** Mendelevium (258)	102 **No** Nobelium (259)	103 **Lr** Lawrencium (260)

Sachwortregister

H

I

K

L

W

Z